嵩山少林拳法编纂委员会（排名不分先后）

顾　问：张耀庭　门惠丰　杨　丽（女）　栗胜夫　爨随堂
　　　　蔡玉建　冯宏芳（女）　马学智　李世英　马延春
　　　　毛玉成　段全伟　李艳君（女）　胡秀娟（女）
　　　　王宗仁　郑光荣　冯根怀　郑书敏　梁松华　王松伟
　　　　梁继红　李　菲（女）　陈俊杰　李劲飞　郑跃峰
主　任：梁少宗
副主任：常福晓　张光耀　周洪多　李泽飞　梁毛占
委　员：魏永平　王德克　许正伟　许路明　王少威　梁省伟
　　　　马玉春　张　召　申卫娜（女）　李小宁（女）

嵩山少林拳法编纂人员（排名不分先后）

主　编：梁少飞
副主编：冯宏鹏　洪　浩　张月霜（女）　梁洪勋　梁洪亮
　　　　刘连祥　李光捷　宋　岩　潘　勇　王华辉　王　锐
　　　　冯殿华（女）李立三（女）郭琳琳（女）刘　冰（女）
编　辑：李占国　刘治国　杜景涛　赵　跃　乔占辉　李晓东
　　　　马发展　杨延全　温书杰　贾　闯　屈晓飞　马洪鹏
　　　　黔利兴　孙　博　何　磊　曹　帅　曹中宝　常渊博
　　　　董保南　潘乐园　陈延平　张书明　刘俊杰　吴志强
　　　　黄卫华　姚南坊（女）　孟洛川（女）　张田田（女）
　　　　程玉凯（女）
摄　影：苏文胜　陈现红（女）

中国·少林鹅坡教育集团

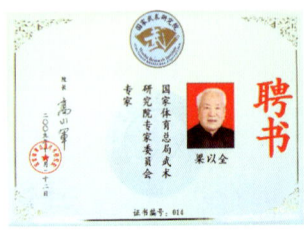  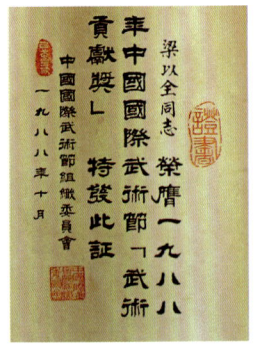
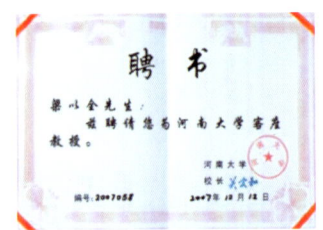 

梁以全，法名素一，河南省登封市骆驼崖村人。1931年出生于习武世家，幼承祖训，刻苦好学，坚韧执着，博采众长。精研少林正宗拳械、技击、擒拿、阴阳劲等各种功法，长年练功不辍。为人谦和，乐善好施，已捐善款数百万元资助乡里。

他习武修德，为中华武术少林流派代表人物。是国家高级武术教练、中国武术九段、中国当代"十大武术名师"、全国离退休老干部先进个人、全国健康老人、河南省非物质文化遗产传承人，享受国务院特殊津贴。中华人民共和国成立后，他创办了第一所专业武术学校，率先将少林武术带出国门，出访过36个国家和地区，表演、交流、讲学、教授中华少林武术，授武于中外弟子数万名。

他笔耕不辍，已出版《嵩山少林拳法》《嵩山少林拳法歌诀集锦》《少林武术研究》等武术专著，在国内外报刊发表过29篇武术专业学术文章，授武育人。他创办了少林鹅坡教育集团，目前在校师生8000余人。该校学生参加国际、国家、省、市武术大赛，荣获奖牌5679枚，考入北京体育大学、上海体育学院、武汉体育学院、天津体育学院、河南大学、郑州大学、洛阳师范学院等高等院校学生2000余名。

他历任登封蔡沟乡中心学校校长、登封市体校校长、河南省武术馆副馆长、登封少林寺武术馆副馆长兼总教练、少林拳法研究会主席。现任国家体育总局武术研究院专家委员会专家、河南省武术协会副主席、少林武协名誉主席、北京体育大学名誉顾问、河南大学客座教授等职。

他曾多次受到党和国家领导人乔石、李德生、许世友等领导同志的亲切接见。

梁以全的三爷爷梁学庠,是梁家另一位奇人,虽自幼习练家传武功,但因家穷却未能读书。他十八岁开始学文,后居然中了黉门秀才。他文武兼备,又开设私塾,门人弟子颇多。梁以全自幼得其亲传,后成为一代儒雅武师,不但武功高强,而且能著书立说,这与他幼时所受的教育是分不开的。

梁学庠亲书并手绘插图本武术典籍《易筋经》,至今在梁家珍藏着。

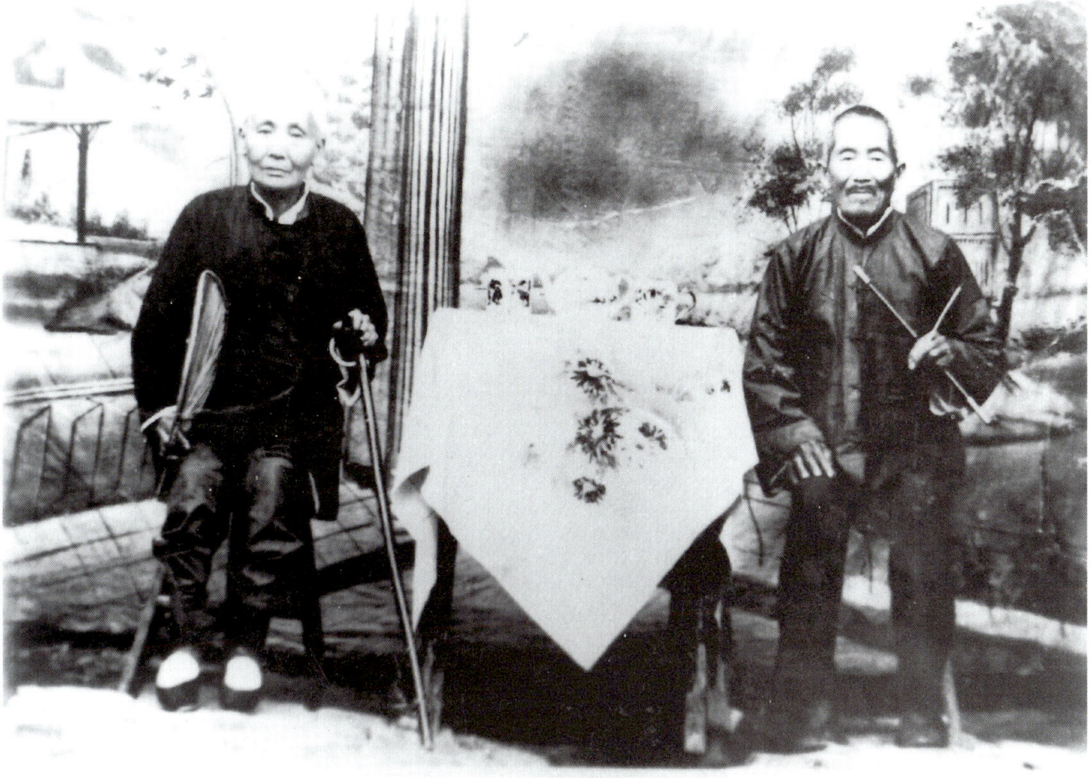

这张珍贵照片中的二位长者，便是梁以全的父母亲。父梁兴绍，幼名海水。海水为人谦和，广交武林朋友，与少林寺妙兴法师和妙聚法师交往颇深。弟子达千余众。1928 年被冯玉祥部聘为武术教官。

1963 年，参加河南省武术比赛，他以 82 岁高龄荣获“技艺精湛奖”。

奖状

梁海水同志参加一九六三年河南省武術表演賽技藝精湛特發獎狀以資鼓励

河南省体育运动委員会

一九六三年十 月 一 日

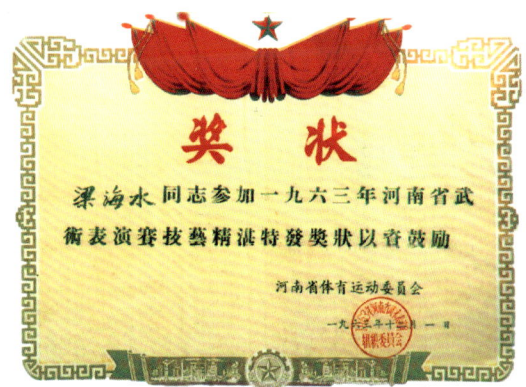

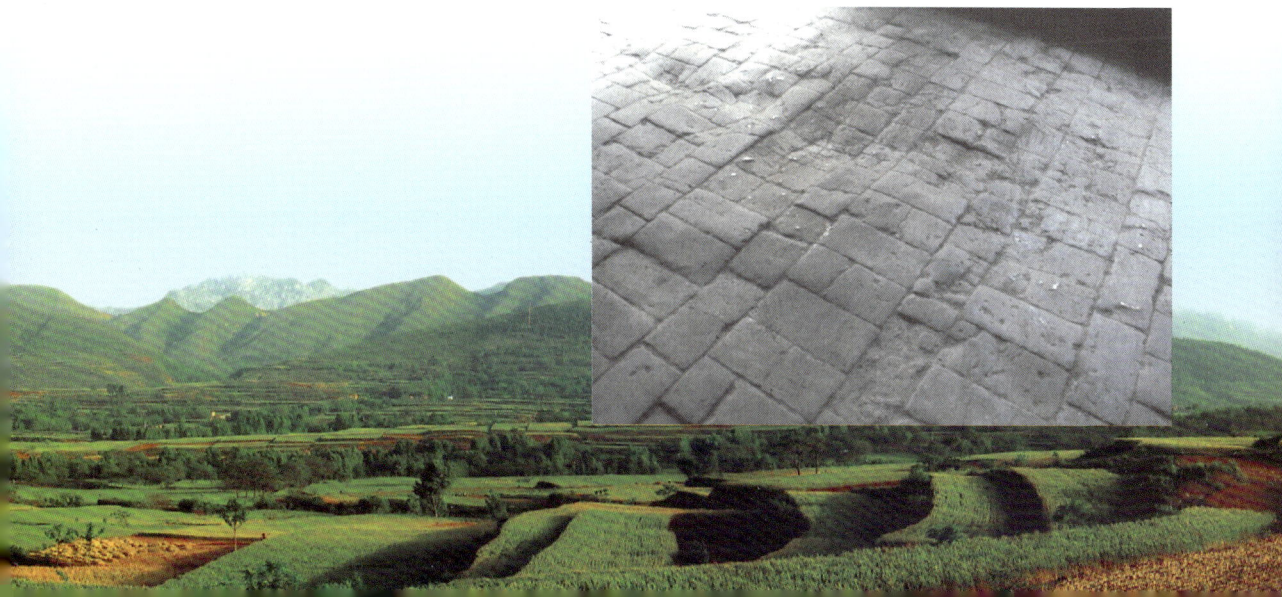

少林宗師名震天下
武術大家氣壯山河

梁以全少林一代宗師
乙酉年夏 杨月楷

高瞻远瞩
GAOZHANYUANZHU

登封少林鹅坡武术专修院　启功

以金先生正腕　武术世家　启源

以武育人 以全书

致少林鹅坡武术专修院师生

习武学文修德
志在民族复兴

徐才
乙酉年秋

贈以金兄
一代才母宗師
李世民日十夫
甲申冬 張耀廷

登封市鹅坡少林武术专修院

少林真传

蔡龙云

题鹅坡武院

崇德尚武
文武兼修

北京体育大学教授 门惠丰
庚巳年秋月

少林鹅坡武术专修院正门

少林鹅坡武术专修院西门

梁氏少林達摩杖圖譜

高山學藝數十載　老師教我如意拐

往上打日月二起　往下打逆水划流

往前打白虎登山　往後打烏龍擺尾

往左打虎豹難躲　往右打鷹鷂難飛

青年學之是武藝　老年學之當馬騎

公元二零零六年秋 梁以全題

嵩山少林拳法 五

少林·鹅坡武术专修院系列教材

梁少飞 主编

河南大学出版社
·郑州·

图书在版编目（CIP）数据

嵩山少林拳法.5 / 梁少飞主编.—郑州：河南大学出版社，2017.9（2020.9重印）

ISBN 978-7-5649-3010-3

Ⅰ.①嵩… Ⅱ.①梁… Ⅲ.①少林拳—教材 Ⅳ.① G852.15

中国版本图书馆CIP数据核字（2017）第229623号

责任编辑 朱春华 秦 程
责任校对 柳 涛
封面设计 徐 刚

出　　版	河南大学出版社
	地址：郑州市郑东新区商务外环中华大厦2401号　邮编：450046
	电话：0371-86059750（高等教育与职业教育分社）
	电话：0371-86059701（营销部）　　网址：hupress.henu.edu.cn
排　　版	郑州市今日文教印制有限公司
印　　刷	河南文华印务有限公司
版　　次	2017年9月第1版　　印　　次　2020年9月第3次印刷
开　　本	787mm×1092mm　1/16　　印　　张　12.25
字　　数	215千字　　　　　　　　　插　　页　9
定　　价	60.00元

（本书如有印装质量问题，请与河南大学出版社营销部联系调换）

前　言

驰名中外的少林武术以其悠久的历史、精湛的技艺、丰富的文化内涵而成为中华武术百花园中一枝璀璨的奇葩。

对中国乃至世界武术的发展产生过重大影响的少林武术，因近代军阀混战，少林寺不幸焚于兵火，大量珍贵的资料几乎丧失殆尽。新中国成立后，特别是在改革开放以来，在各级政府的正确领导及社会各界的大力支持下，少林武术又一次焕发出了勃勃生机。近年来，为了培养更多的少林武术后备人才，同时满足广大武术爱好者的需求，我们编写了一套科学、系统的少林武术专业教材，已付梓于世，同时，这也了却了家父梁以全先生一向的夙愿。

家父是一位以经史为宗的传道解惑者，更是武功精湛的梁氏拳法第十六代传人。他从20世纪70年代就开始整理家传的武术资料。首先从梁氏武术流派的传承中，通过口传耳闻，翔证珍取；再从残碑断章中条分缕析，数十年如一日，于1982年正式出版了《嵩山少林拳法》，并赢得了少林武术界的一致好评。

梁氏家族世代习武尚文，传承少林武术已有700余年的历史。家父秉承祖训，习以教事，长期致力于武术教育和武术人才的培养。他于1978年创立了登封县（今登封市）体委武术队，1981年创办登封县少林武术体校。其后公派到少林寺地区，筹建嵩山少林寺武术馆，任总教练、业务副馆长。在此基础上与北京体育学院（现北京体育大学）创办北京体育学院少林武术专修院。家父60岁又奉命调回登封县体委，创办登封县体委少林武术训练中心。1995年，退休的家父在登封市中岳大街西段创办了少林武术专修院。1997年登封少林武术专修院搬迁到登封市大禹路西段鹅坡岭，改校名为登封市少林鹅坡武术中等专业学校。他为少林武术发展所作出的突出贡献得到了国家和社会各界的广泛认可。家父享受国务院特殊津贴，是国家体育总局武术研究院专家委员会专家，是中国武术九段、武术高级教练。被评为中国当代十大武术名师，国家离退休老干部先进个人，中华武术30年最具影响力人物。还被河南大学等多所高校聘为客座教授。

《嵩山少林拳法》（少林鹅坡武术中等专业学校系列教材）在编写过程中，遵照家父的意见，参阅了《梁氏祖传少林拳谱》《嵩山少林拳法》《少林拳法总讲册集》《体育学院通用教材·武术》以及其它武术论著，并结合多年教学的实际，对原教材进行了升级改版。本套教材共分五册，融少林武术理论与少林武术技术教学为一体。理论方面阐述了少林武术的源流、风格和特点，技术方面展示了少林武术功法、少林拳术与少林器械、少林搏击与摔跤等内容。本套教材内容丰富、图文并茂。既具有系统性与知识性，又具有时代性和可读性。不仅适用于各类武术馆校的武术教学，还为当前的"武术进校园"提供了一套系统而又翔实的少林武术教材。

少林武术源远流长、博大精深，远非一套教材所能涵盖。希望这套教材的出版能对广大少林武术爱好者与研习者起到抛砖引玉的作用。如有不当或错误之处，恳请大家批评指正，以便再版时修订和完善。

编　者

2016年12月1日

目 录

第一章　少林武术概述 ································· 001

第二章　梢子棍破枪 ································· 007

第三章　朴刀进枪 ··································· 023

第四章　少林童子功 ································· 037

第五章　五禽戏 ····································· 051

  第一节　虎　戏 ································· 052

  第二节　鹿　戏 ································· 054

  第三节　熊　戏 ································· 056

  第四节　猿　戏 ································· 059

  第五节　鸟　戏 ································· 062

第六章　梁氏少林养生八段锦 ························· 067

第七章　少林小武功 ································· 089

  第一节　少林小武功动作名称歌诀 ················· 089

  第二节　少林小武功运气歌诀 ····················· 089

  第三节　少林小武功 ····························· 090

第八章　散　打 ····································· 099

  第一节　散打实战姿势 ··························· 099

  第二节　步　型 ································· 100

  第三节　步　法 ································· 102

  第四节　拳　法 ································· 108

第五节　腿　法 …………………………………………………… 112

　　第六节　肘　法 …………………………………………………… 118

　　第七节　膝　法 …………………………………………………… 122

　　第八节　摔　法 …………………………………………………… 125

　　第九节　攻守法 …………………………………………………… 134

　　第十节　打靶练习 ………………………………………………… 143

　　第十一节　打沙袋练习 …………………………………………… 159

第九章　摔　跤 …………………………………………………………… 171

　　第一节　基本功 …………………………………………………… 172

　　第二节　摔跤动作二十种 ………………………………………… 177

第一章　少林武术概述

一、少林武术的渊源

古时候人兽同居。人，飞不如禽，走不如兽。禽兽以爪牙扑人，人以智技制服禽兽。《汉书》云：齐民技击强。荀子云：齐人隆技击。这说明我国很早就有了技击术。北魏孝明帝孝昌三年（公元527年），印度僧人菩提达摩来到中国河南嵩山少林寺，创立佛教禅宗。他不主张用文字传教，而采用"壁观"的办法，静坐修心。他在嵩山五乳峰上的一个天然石洞（原名蚩尤洞，今名达摩洞）中，面壁九年，"寂坐参悟"。由于长期静坐，精神和肉体都不免困倦，而且身居深山密林之中，经常受到毒蛇猛兽的威胁，他便根据山林中虎跃、猴攀、鸟飞、虫爬等动作，并效法我国劳动人民生产和锻炼身体的各种方式，初创了简单的肢体动作，作为健体护身术来研究和练习。有时也随手练练农具、手杖、棍棒等器械。遇到野兽侵袭时，便与之搏斗，这便是达摩铲、达摩杖、少林棍等器械名称的由来。达摩初创的这些简单动作，称不上什么拳术，仅是开创了少林寺僧众健身、防身、养生之先河。

二、少林武术的形成与发展

在历史的长河中，历代僧众依照我国民间流传的健身技击术，吸纳众家拳术之长，兼收并蓄，融会贯通，通过长期演练、创新和总结，使少林武术得以形成和发展。特别是在隋末唐初，隋将王世充盘踞洛阳称王，与唐高祖对抗，直接阻碍了唐王朝的统一。唐高祖李渊带兵征伐失利，其子李世民被掳入洛阳。高祖书约少林寺僧助战。寺僧应诏参战，击败王世充，生擒他的侄子王仁则于柏谷庄。僧兵中立功者13人，其中昙宗和尚被封为大将军。李世民继位后，赠寺田40顷，盖殿宇僧房2000余间，使寺院面积扩大到540亩，僧众达2000余人，并允许寺内建立兵营，训练僧兵。少林寺达到了极盛时期，被誉为"天下第一名刹"。

少林寺养僧兵后，僧众习武就直接与实战联系起来了，这为少林武术的发展，提供了非常有利的条件。为了提高实战能力，寺僧们不仅练拳术、器械，

而且加强了实战技能和马步战术的演练，还经常邀请各地武术名家入寺切磋传艺。如宋朝，曾先后吸纳了宋太祖赵匡胤的太祖长拳、韩通的通背拳、马藉的短打等十八家拳法的精华，汇成拳谱，流传后世。又如金元时期的觉远和尚，出家到少林寺后，感到寺内武艺不佳，便携资西出，访师于陕西及甘肃兰州，聘请名师李叟、白玉锋入寺传授武艺。李叟传大洪拳、小洪拳、擒拿术，白玉锋传气功及龙拳、虎拳、豹拳、蛇拳、鹤拳等。再如明代抗倭名将俞大猷，曾入寺传授临阵实用的棍术。同时，少林武术交流活动的开展，使其在全国各地广为流传。少林武术与诸家流派取长补短，互相交流促进。经过历代演练和总结，少林武术的内容逐渐丰富起来，少林寺即成为全国会武之地，支脉繁茂，驰名中外。

另一说法是，少林武术并非始于达摩，而是首创于跋陀的两个弟子慧光和僧稠。跋陀是印度僧人，于北魏孝文帝太和十九年（公元495年）来中国传教，比达摩早来32年。孝文帝尊崇佛事，为跋陀建少林寺。跋陀喜爱中国武术，收了两个弟子，一个叫慧光，一个叫僧稠，他们二人均是练武的能手。慧光身子轻灵，能在桥栏杆上踢毽子。僧稠刚出家时，身体虚弱，常受师兄弟们的戏弄，便决心发奋练武以自强，后来竟练就了一身好功夫。传说，僧稠曾挥杖赶走在少林寺山门前争斗的两只猛虎。

以上两种说法何者为准，尚需作进一步考证。

三、少林武术的特点与作用

少林武术之所以能够千年传承，受人敬仰，除受一些神话传奇故事的影响外，主要还是因为它的功夫过硬、风格独特、立足于实战。它的套路结构严谨，动作朴实刚健，攻防严密，招式多变，力量的运用灵活而富有弹性，着眼于实用，不练花架子，具有很强的自卫能力。少林寺白衣殿的南北山墙上，各有一幅寺僧练武的壁画，称为"捶谱"，是清代道光年间（公元1821～1851年）绘制的。这幅壁画画的是六合拳对练和各种器械对练，生动地记述了当时寺僧练武的情景，也突出了少林武术手、眼、身法、步的特点和攻防含义。千佛殿内练功的脚窝，就是寺僧们一代复一代刻苦练功的见证。在演练套路的形式上，少林武术有拳打"卧牛之地"之说。这说明少林武术在演练时不受场地大小的限制。即使在实战中，也能充分利用地形狭小的不利，发挥出它的威力。"拳打一条线"

也是少林武术的一个鲜明特点。在演练时，它的各种套路演练、动作起落进退，均在一条线上，这是根据实战的需要而设计的。例如，身法八要中要求起、落、进、退、反、侧、收、纵都在一条线上运动。手、眼、身法、步的要求是：身以滚而起，手以滚而出，手法滚出滚入，手臂曲而不曲，直而不直，运用自如，取南北派之长，练时非长不能达气，对搏时非短不能自顾；眼法注目为鹄，以审敌势；身法起横落顺，着重掌握重心，不失平衡；步法进低退高，轻灵稳固，抬腿踢脚，轻如惊鸿，重如泰山。步法注重自然，不强求大弓大马步形。在使用的方法上，少林武术要求内静外猛，即所谓"守之如处女，放之如猛虎"。少林武术的技法常声东击西，指上打下，佯攻而实退，佯退而实进，虚虚实实，刚柔相济，并善于借人之力，顺人之势，制人之身，不与来势顶撞，善用四两拨千斤之势，以智胜蛮。人们又以秀如猫、抖如虎、行如龙、动如闪、声如雷来形容它的变化多端。少林武术在动静、呼吸、运气、用气方面，也有自己的特点。拳诀讲：拳打十分力，力从气中出；运气贵于缓，用气贵于急，缓急神其术，尽在一呼吸。少林武术六合讲，肩与胯、肘与膝、手与足的外三合和心与意、意与气、气与力的内三合之法。内外形成一体，用鼻呼吸，集中劲力，必要时用嘴发出吼声，以震敌胆，克敌制胜。

四、少林武术的历史功绩与历代政府的关系

由于少林武术实战意义强，功夫过硬，历代均有名武僧出现。如前面曾提到的少林和尚昙宗等13人，因救驾有功，留下了"十三和尚救秦王"的佳话（少林寺白衣殿后墙北端有壁画可考）。又如元朝福裕和尚，曾为河南九州岛提督，因保国有功，死后追封为晋国公，少林寺现有碑刻可考。明代程冲斗着《少林棍法禅宗》一书中，曾言及少林棍法源出于"紧那罗王"。少林寺白衣殿后墙南端，有紧那罗王御"红巾军"的大幅壁画。明代诗人也曾以"威镇少室三千里，能抗外患百万兵"的诗句来赞扬他。明代中叶，我国东南沿海一带，经常受到倭寇的侵扰。倭寇劫夺财物，屠杀沿海居民，掳掠人口，给中国沿海地区带来的痛苦和灾难罄竹难书。歼灭倭寇、抗击侵略者是当时人民的迫切要求。嘉靖年间（公元1522～1567），两广总督上书皇帝，要求少林寺僧参与扫平倭寇。少林寺月空和尚，奉命带领40多个武艺高强的僧人，组成了一支僧兵队，开赴松江一带抵御倭寇。在战斗中，他们英勇顽强，奋不顾身，每战必捷，以

金戈铁棒击杀多股倭寇，而他们也血洒疆场壮烈牺牲。皇帝为纪念他们的功绩，在福建建立了少林寺下院（即现在的南少林寺）。同时代的小山和尚是少林寺正宗第二十四代传人，武艺超群，智勇兼备，曾三次挂帅征边，屡立战功。皇帝为他在少林寺山门前立石狮子和旗杆，以嘉其功。明天启五年（公元1625年）春立的《少林观武碑》（此碑在寺内碑林），曾有诗文记载：

　　　　暂憩招提试武僧，金戈铁棒技层层。
　　　　刚强胜有降魔力，习惯轻挟搏虎能。
　　　　定乱策勋真正果，保邦靖世即传灯。
　　　　中天缓急无劳虑，中义毗卢演大乘。

　　少林寺僧不仅历代习武功、佐王室，更重要的是尊崇佛法、传授佛教禅宗。这样虽得到一些统治者的支持，但也遭到一些统治者的反对与摧残。据历史记载，少林寺曾几次遭受火焚与废弃。如南北朝北周建德五年（公元576年），当时因信奉佛教的徒众几乎占了农民的一半，生产受到很大的影响，周武帝宇文邕便采纳了元嵩"定教先后"的建议，下令禁止佛、道二教流传，遣返僧、道、尼姑回家生产。当时少林寺的和尚也星散返家，寺院废弃。元顺帝时，国内的名刹大寺，几乎焚毁殆尽，少林寺也被毁大半。明太祖朱元璋在建立明朝的过程中，因得到少林寺僧的帮助，即皇帝位后，给予寺僧很多方便，使少林寺又得到了一定的恢复和发展。清军入关后，清政府对少林寺僧严加管束，住持僧需由京中派遣，如发现寺僧和周边群众有习拳技者，令地方官府抓捕镇压。据说清道光八年（公元1828年），清朝大员麟庆代替巡抚祭祀中岳。他住在少林寺，想看一看寺僧们的拳法。因当时清朝统治者严禁习武，所以寺僧们在麟庆面前"讳言不解"，不敢承认他们练武。后来，还是麟庆对寺僧们说，少林拳勇自昔有闻……只在谨守清规，保护名山，不必打诳语。寺僧们这才敢在殿前表演拳术。麟庆观后，佩服少林拳法矫捷罕见，与世俗不同。另有一种说法，清雍正皇帝爱武事，来少林寺想看练拳，寺僧们说："无旨不敢练。"皇上下令演练，观后赞赏有加，并画"拳谱"于寺。这些充分反映出了清代统治者对少林武术发展和传承的限制。到了民国十七年（公元1928年），军阀混战。军阀樊钟秀盘踞少林寺。军阀石友三于当年3月15日从辕辕关攻克少林后，发现樊钟秀和寺僧早已逃跑，为泄怒放火烧寺。这是继隋大业年间（公元605～617年）、清康熙年间（公元1662～1723年）之后少林寺遭受的第三次大火灾，也是最

严重的一次。熊熊大火延烧40余日。寺内的许多建筑和文物古迹，如天王殿、大雄宝殿、藏经阁、钟鼓二楼，以及古柏、经卷、寺志、拳谱等俱成灰烬。这场浩劫使国家文物蒙受了巨大损失，也给今天研究少林武术的发展史造成了难以克服的困难。

第二章　梢子棍破枪

梢子棍各部位名称

动作名称详解

1. 预备式

甲乙：两人间距约4米，反方向侧身站立。甲方右手持梢子棍站立，乙方右手持枪站立，目视前方（图1）。

甲　　　　　　　　　　　　　乙

图1

2. 起势

甲乙：开左步，左手抱拳于腰间。向左摆头，目视对方（图2）。

图2

3. 对峙

甲：上左步成左弓步，右手抓握梢子棍把，左手抓握棍梢，棍梢与眼同高，目视对方（图3）。

乙：上左步成左弓步，右手抓握枪把，左手抓握枪身中部，枪头略高于头，目视对方（图3）。

图3

4. 三剪步

甲：双手握棍向前三跳步（图4）。

乙：双手握枪向前三跳步（图4）。

图4

5. 左右格挡

甲：落地成左弓步，右手握棍把，左手握棍梢，左右格挡对方进攻（图5、图6）。

乙：落地成左弓步。双手握枪向对方面部左

图5

右刺枪（图5、图6）。

图 6

6. 下格挡

甲：上右步，左手握棍梢，右手握棍把，向左下格挡对方进攻。换手，左手握棍把，右手握棍身，再次向右下格挡对方进攻（图7、图8）。

乙：向后撤左步，同时下刺枪攻击对方下盘。向后撤右步，同时下刺枪再次攻击对方下盘（图7、图8）。

图 7

图 8

7. 翻身劈打

甲：提膝向右翻身，同时双手握棍，由上向下轮劈对方头部，双脚依次落地成马步（图9～11）。

乙：左右脚依次向后撤步成马步，双手握枪，由左向右盖压对方棍梢（图9～11）。

图9

图10

图11

8. 格挡架打

甲：向右上方格挡对方进攻。撤右步成左弓步，用棍把向左后格挡对方进攻。撤左步成马步，用棍梢向外再次格挡对方攻击。撤左步成左弓步，双手握棍，上举架挡（图12～15）。

乙：马步变左弓步，双手握枪向对方面部刺枪。上右步成右弓步，右手握枪把盖击对安头部。上左步成左弓步，双手握枪，上刺枪攻击对方面部。上右步成右弓步，用枪把盖击对方头部（图12～15）。

图 12

图 13

图 14

图 15

第二章 梢子棍破枪

011

9. 横扫千军

甲：直接变马步，用棍把向下格挡对方进攻。变弓步右手臂向前下压，从里向后下继续格挡对方进攻。顺势上抢棍，向左格挡对方的攻击。换跳步，双手在头顶云棍一周顺势向下抢劈对方头部，落地成弓步。顺势用棍梢向外格挡对方的进攻。右左脚跳步，双手换把在头顶云棍一周，顺势向下抢劈，落地成马步（图 16～22）。

乙：右左脚换跳步，落地成左弓步，下刺枪攻击对方下盘。再次下刺攻击对方下盘。再次上刺枪，攻击对方面部。左右两脚依次上步，顺势下蹲，双手抱枪，躲避对方攻击。依次撤右左脚成左弓步，同时上刺枪攻击对方面部。左右两脚依次上步下蹲，双手抱枪，躲避对方攻击（图 16～22）。

图 16

图 17

图 18

图 19

图 20

图 21　　　　　　　　　图 22

10. 上下格挡

甲：左手持棍向上格挡对方的刺枪。上右步，右手握棍梢，右手握棍把，顺势向下格挡对方刺枪。换把，用棍梢格挡对方刺枪（图 23～25）。

乙：右左脚依次撤步成左弓步，同时上刺枪攻击对方面部。向后撤左步，同时下刺枪再次攻击对方下盘。撤右步成左弓步，向下攻击对方下盘（图23～25）。

图23

图24

图25

11. 翻身劈打

甲：提膝向右翻身，同时双手握棍由上向下抡劈对方头部，双脚依次落地成马步（图26～31）。

乙：左右脚依次后撤步成马步，双手握枪，由左向后盖压对方棍梢（注：此动作重复一次）（图26～31）。

图26

第二章 梢子棍破枪

图 27

图 28

图 29

图 30

图 31

12. 格挡架打

甲：向右上方格挡对方进攻。撤右步成左弓步，用棍把向左右格挡对方进攻。撤左步成马步，棍梢向外再次格挡对方攻击。撤右步成左弓步，双手握棍，上举架挡（图 32～35）。

乙：马步变左弓步，双手握枪向对方面部刺枪。上右步成右弓步，右手握枪把盖击对方头部。上左步成左弓步，双手握枪，上刺枪攻击对方面部。上右步成右弓步，用枪把盖击对方头部（图 32～35）。

图 32

图 33

图 34

图 35

13. 云顶扫腿

甲：步型不变，用棍把向下格挡对方进攻。用右手手持棍梢向下后格挡对方进攻。顺势上抡棍，用棍梢向左格挡对方的攻击。右左脚换跳步，头顶云棍一周顺势以棍梢扫对方小腿。重心前移成右弓步，向右格挡对方进攻。右左脚换跳步，双手换把，在头顶云棍一周顺势下扫对方小腿（图36～40）。

乙：右左脚换跳步，落地成左弓步，下刺攻击对方下盘。再次下刺攻击对方下盘。上刺枪，攻击对方面部。双手握枪向上跳闪。上刺枪，攻击对方面部。双手抓枪向上跳起。（图36～40）。

图 36

图 37

图 38

图 39

图 40

14. 翻身劈打

甲：上右步成马步，用棍把格挡对方进攻。换把，向下抢棍，再次用棍梢格挡。提左膝向左翻身，同时双手握把由上向下抢劈对方头部，双脚依次落地成马步（图41～44）。

乙：向后撤左步，同时下刺枪攻击对方下盘。撤右步成马步，向下攻击对方下盘。左右脚依次后撤步成马步，双手握枪，由左向后盖压对方棍梢（图41～44）。

图41

图42

图43

图 44

15. 上格挡

甲：双手握棍向右上方格挡对方进攻（图45）。

乙：马步变左弓步，双手握枪向上刺枪攻击对方面部（图45）。

图 45

16. 梢子绞棍

甲：上右盖步，双手握棍，由右向左划圆，用梢子格挡对方进攻。上左步，双手握棍，由右向左划圆，用哨子格挡对方进攻（图46、图47）。

乙：上右盖步，刺对方下盘。上左步，连续刺对方下盘（图46、图47）。

图 46

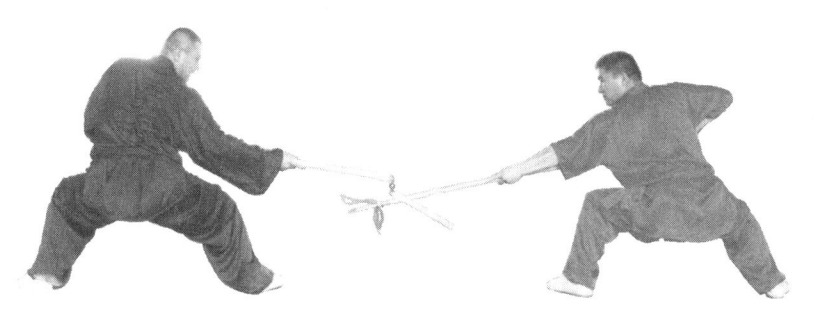

图 47

17. 翻身劈打

甲：双手握棍向右上方格挡对方刺枪。向右提膝翻身，同时双手握棍由上往下抡劈对方头部（图 48～50）。

乙：马步变弓步，双手握枪向上刺枪攻击对方面部。右左脚依次向前跳步成弓步变马步，双手握枪由后向前盖压对方棍梢（图 48～50）。

图 48

图 49

图 50

18．对峙

甲：向后撤右脚再上左脚，再撤右脚成右弓步，身体随之右后转360°，同时双手握棍，在身体两侧舞花两周，右手握棍，棍梢向上，左手成剪指，指向对方（图51）。

乙：向右后转身360°，上左脚撤右脚成右弓步。同时双手握枪，在身体两侧舞花两周，崩枪，枪尖指向对方面部（图51）。

图51

19．收势

甲：两脚依次向前上步，向对方侧身靠拢。同时，双手握棍在身体两侧各舞花一周，右手握棍于身体右侧，左手抱拳，向左摆头，目视对方。右手握棍，左手变掌自然下垂，目视前方（图52、图53）。

乙：两脚依次向前上步，向对方身体侧身靠拢，同时，双手握枪在身体两侧各舞花一周。右手握枪与身体右侧，左手抱拳，向右摆头，目视对方。右手握枪，左手变掌自然下垂，目视前方（图52、图53）。

图52

图53

第三章 朴刀进枪

朴刀和枪的各部位名称

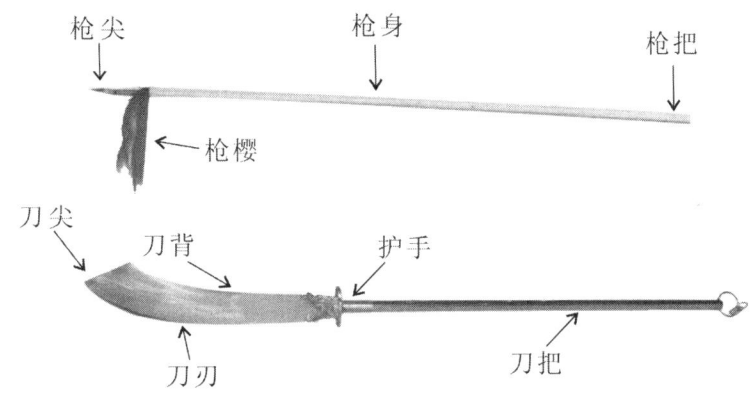

动作名称详解

1. 预备式

甲乙：两人相距约 0.5 米，右手持器械，两脚并步站立，左臂自然下垂，目视前方（图 1）。

2. 起式

甲：右手握朴刀，刀刃朝前，朴刀放于身体右侧，左脚开步与肩同宽，左手抱拳于腰间，目视对方（图 2）。

乙：右手握枪，置身于身体右侧，左脚向左开步与肩同宽。左手抱拳于腰间，目视对方（图 2）。

图 1

图 2

3. 扫腿砍头

甲：双手握朴刀向右后横磕枪，下蹲扫腿，顺势由后向前砍头（图3～5）。

乙：双脚跳起，双手握枪下刺，落地后低头弯腰，下颚内收（图3～5）。

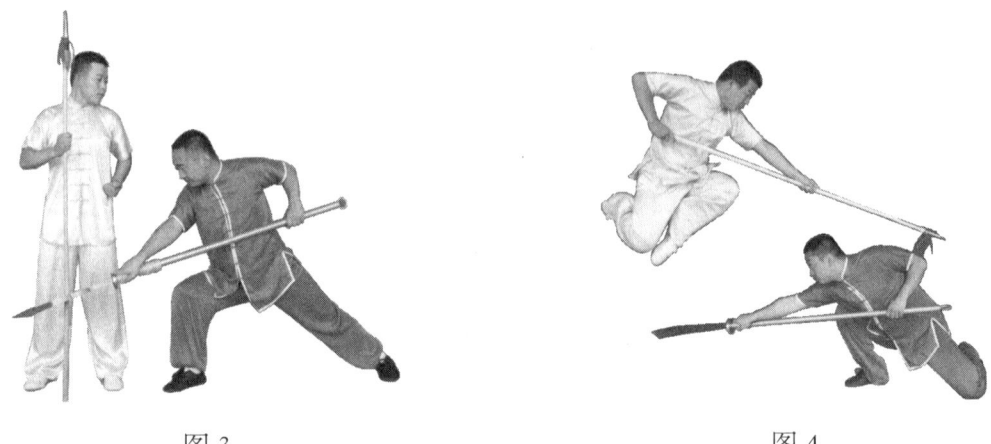

图3　　　　　　　　　　图4

图5

4. 格枪亮式

甲：双手握朴刀，向右后挂枪，顺势向右后转身360°左脚上步，右脚撤步成右弓步。同时双手握刀把，在身体右侧舞花两周，右手上举，左手贴于身体右侧，目视对方（图6、图7）。

乙：双手握枪，向对方面部刺枪，顺势向右斜后方转身，左脚上步，右脚撤步成右弓步，同时双手握枪，在身体右侧舞花两周，枪尖指向对方面部（图6、图7）。

图6

图7

5. 连环格枪砍头

甲：双手握朴刀，提左膝向前垫步落地，分别用刀背、刀把顺势在身体左方连续挂枪，上右步向后挂枪，向前砍头（图8～13）。

乙：向前上步，双手握枪，向对方下盘连刺三枪再向对方面部刺枪，然后收枪低头弯腰（图8～13）。

图8 　　　　　　　　　　图9

图10 　　　　　　　　　　图11

图 12　　　　　　　　　　　图 13

6. 转身格枪砍头

甲：刀刃向后挂枪，然后插左步向左后翻身，分别用刀背、刀把顺势向身体左后方连续挂枪。上右步，向右后挂枪，向前砍头（图14～19）。

乙：双手握枪刺向对方面部，左右脚依次向后撤步，双手握枪，向对方下盘连刺三枪，再向对方面部刺枪，然后收枪弯腰低头（图14～19）。

图 14　　　　　　　　　　　图 15

图 16　　　　　　　　　　　图 17

图 18　　　　　　　　　　图 19

7. 转身扫腿架打

甲：刀刃挂枪，上左步，以刀把挂枪向后转身360°同时撤右步，两腿屈蹲，刀刃朝后，扫对方腿。起身弓步向上横架刀，目视对方（图20～23）。

乙：左右脚依次向后撤步，双手握枪向对方面部连刺两枪，随后提左膝左脚落地，撤右步成左弓步，同时向下劈枪，目视对方（图20～23）。

图 20　　　　　　　　　　图 21

图 22　　　　　　　　　　图 23

8. 扫腿砍头

甲：直接下俯身扫腿，起身向右后方挂枪，上步砍头（图24～26）。

乙：提左膝，左脚落地撤右步成右弓步，双手握枪刺向对方面部。然后收枪低头弯腰（图24～26）。

图24　　　　　　　　　　图25

图26

9. 转身扫腿架打

甲：分别用刀刃、刀把向后挂枪，上左步，同时下屈蹲，刀刃朝后扫腿，起身向后回转360°弓步横架刀，目视对方（图27～30）。

乙：双手握枪，向对方面部连刺两枪。接着向前跳步，落地后向左后转身，两脚换步成左弓步，转身向下劈枪，目视对方（图27～30）。

图27　　　　　　　　　　图28

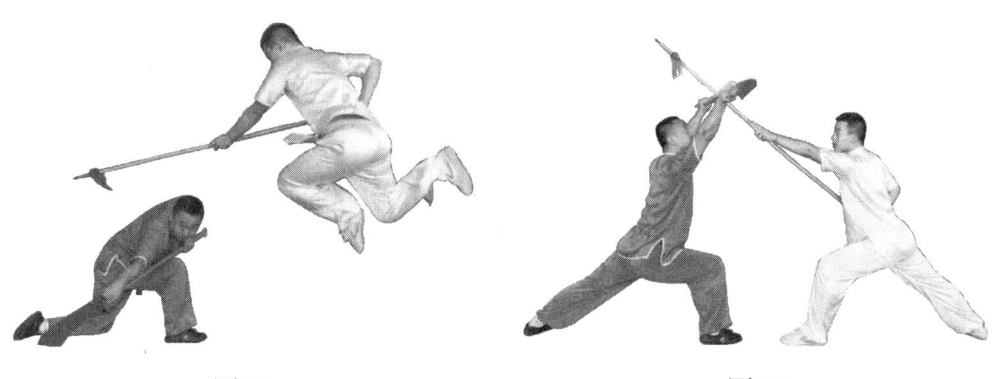

图 29　　　　　　　　　图 30

10. 扫腿砍头

甲：直接下俯身扫对方腿，起身向右后挂枪，上步砍头（图 31～33）。

乙：提左膝撤右脚落步成左弓步，双手握枪刺向对方面部。然后收枪，低头弯腰（图 31～33）。

图 31

图 32　　　　　　　　　图 33

11. 连环格枪砍头

甲：刀刃向后挂枪，然后插左步向左后翻身，分别用刀背、刀把顺势向身体左后下方连续挂枪，上右步，向后挂枪，再向前砍头（图 34～39）。

乙：双手握枪刺向对方面部，左右脚依次向后撤步，双手握枪向对方下盘连刺三枪，再向上刺枪攻击敌方面部，然后低头弯腰（图 34～39）。

图 34 　　　　　　　　　　　　图 35

图 36 　　　　　　　　　　　　图 37

图 38 　　　　　　　　　　　　图 39

12. 空中砍头架打

甲：刀刃向后挂枪，接着向前跳步，双手握刀向前平斩，双脚落地后上左步，转身提右膝，同时向右后下挂枪，右脚落地上左脚成左弓步，向前劈刀，目视对方（图 40～43）。

乙：双手握枪刺向对方面部，屈蹲，同时上右步换把扫腿，向左回转身，提左膝，刺枪，攻击对方下盘，左脚下落成马步，双手架枪于头顶，目视对方（图 40～43）。

图 40　　　　　　　　　图 41

图 42　　　　　　　　　图 43

13. 空中云刀砍头

甲：双手握刀用力下压，然后顺势双脚跳起，空中平云刀，双脚落地向下劈刀（图 44～46）。

乙：双手握枪，顺势用力上推对方，上右步屈蹲换把扫腿，撤左步，双手握枪刺向对方面部。然后收枪弯腰低头（图 44～46）。

图 44　　　　　　　　　图 45

图 46

14. 连环格枪砍头

甲：刀刃向后挂枪，然后插左步向左后翻身，分别用刀背、刀把顺势向身体左后下方连续挂枪，上右步，向后挂枪，再向前砍头（图 47～52）。

乙：双手握枪刺向对方面部，左右脚依次向后撤步，双手握枪向对方下盘连刺三枪，再向上刺枪攻击敌方面部，然后收枪低头弯腰（图 47～52）。

图 47　　　　　　　　　图 48

图 49　　　　　　　　　图 50

图 51　　　　　　　　　图 52

15. 连环格枪架刀砍头

甲：刀刃向后挂枪，弓步横架刀，随后用刀刃向前扫对方腿，起身向右后挂枪，顺势向下砍头。（图53～57）。

乙：双手握枪刺向对方面部，随后收枪上举，顺势下劈，提左膝左脚落地，撤右步，同时再次收枪刺向对方面部，收枪弯腰低头。（图53～57）。

注：此动作重复三次。

图 53　　　　　　　　　图 54

图 55　　　　　　　　　图 56

图 57

16. 格枪砍头

甲：刀刃向后挂枪，上步砍头。（图58、图59）。

乙：双手握枪刺向对方面部，接着左右两脚依次向后退步，收枪弯腰低头。（图58、图59）。

注：此动作重复三次。

图 58　　　　　　　　　图 59

17. 格枪后摆腿

甲：刀刃先后右左格枪，接着向右后转体，左腿顺势向后摆腿击打对方背部，落地成左弓步，向前劈刀，左脚上步，右脚撤步，身体顺势向右后方转360°成右弓步，同时双手握刀转在身体右侧舞花两周。拉刀，推左掌摆头，目视对方（图60～64）。

乙：双手握枪向对方面部连刺两枪，左脚上步，右脚跟步，身体顺势向右后方转身成右弓步。同时双手握枪，在身体右侧舞花两周，枪尖指向对方面部（图60～64）。

图 60

图 61

图 62

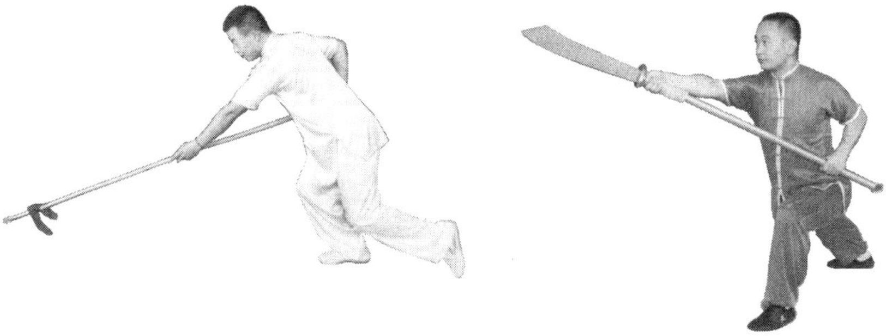

图 63

图 64

第三章 朴刀进枪

035

18. 收势

甲：两脚依次向前上步，向对方侧身靠拢。同时双手握刀在身体左右两侧各舞花一周，右手握刀于身体右侧，左手抱拳，向右摆头，目视对方。左拳变掌自然下垂，目视前方（图65、图66）。

乙：两脚依次向前上步，向对方侧身靠拢，同时双手握枪在身体左右两侧各舞花一周，右手握枪于身体右侧，左手抱拳，向左摆头，目视对方。左拳变掌自然下垂，目视前方（图65、图66）。

图 65

图 66

第四章　少林童子功

动作名称详解

1. 预备式

双脚并步站立，双手合十平放于胸前，目视前方（图1）。

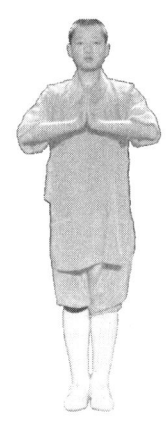

图1

2. 功前吐纳

右脚向右跨步成马步，双手由胸前向左右插掌。双脚距离不变，起立，双掌叠交上推。双掌下翻，手指交扣，大拇指相对下按，双掌上翻收于小腹前，掌心向上，气沉丹田（图2～6）。

 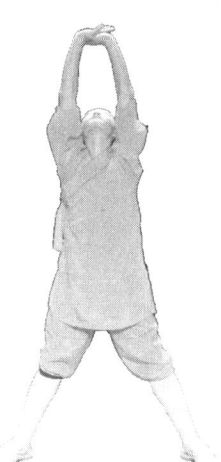  

图2　　　　　图3　　　　　图4

图 5　　　　　　　　　图 6

3. 双龙出海

向左拧身，随即回转左右推掌。十指在胸前交扣，双掌向上推掌，眼看手。上体前伏，双掌下翻按地，双腿下蹲，双掌落于双脚后跟，按地，屈臂，将双腿架于上臂上。双手作支撑，双脚离地向前伸直，脚面绷直，目视前方（图7～14）。

图 7　　　　　　　　　图 8

图 9　　　　　图 10　　　　　图 11

图 12

图 13

图 14

4. 卧鱼平衡

接上动作，双脚落地，上身右转成跪步，左手向前插出，右手架于头顶。起身并步站立，双手穿掌至胸前交叉，向两侧推掌。同时右腿上踢，再下落从左腿后方向前插出，脚尖上勾，脚跟离地，双手合十于胸前，目视插出的脚尖（图 15～20）。

图 15

图 16

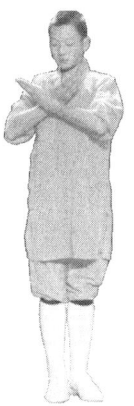
图 17

图 18

图 19　　　　　　　　　　图 20

5. 仙人指路

接上动作，身体落地呈坐盘状态，双手合十于胸前，目视前方。双腿同时向前伸直，双手握拳抱于腰间，接着左拳变掌向前推。然后左手搬右脚，右手搬左脚，双脚交叉盘扣在大腿上，双臂架起成弧形，双手变为剑指，右手剑指向右前方指出，眼看右手。右剑指穿臂至肩后上方，左手剑指背在腰后，上体下俯，将脸贴于地面（图21～30）。

图 21　　　　　　　　　　图 22

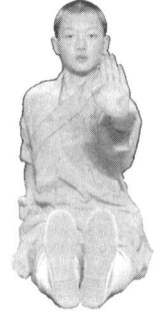

图 23　　　　　　　　　　图 24

图 25　　　　　　　图 26　　　　　　　图 27

图 28　　　　　　　图 29　　　　　　　图 30

6. 癫僧参佛

接上动作，双掌由前推出，随后双手叠交向上托起，再由上落至地面，双手叠交不变，掌心向上，屈臂，将额头放于双手上（图31～33）。

图 31

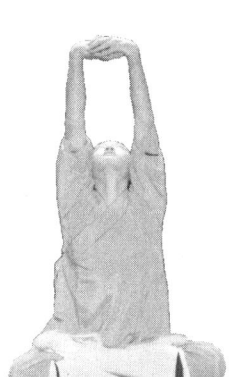

图 32

图 33

7. 悬空打坐

接上动作，上体起立。双手成拳撑于地面，将整个身体撑起。双脚呈盘腿动作不变，目视前方（图34、图35）。

图34　　　　　　　　　　　　　图35

8. 回头望月

接上动作，身体落地，双手向左右推掌，右手穿掌于头上方，上体向右侧倒地，右手先成掌贴于地面，后收起成剑指，顶于太阳穴处，左掌顺左大腿向斜上方推出，双脚呈盘腿不变，眼看左手（图36～40）。

图36　　　　　　　　图37　　　　　　　　图38

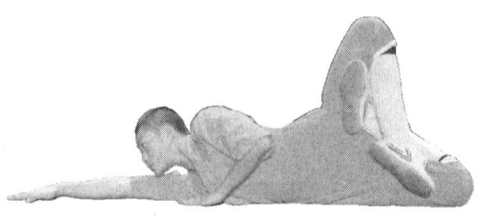

图39　　　　　　　　　　　　　图40

9. 懒僧拜佛

接上动作，左掌收回，放于胸前。身体向左侧倒，将整个躯干贴于地面，双手合十，头抬起，目视前方。顺势将额头贴于合十的掌尖上，双脚呈盘腿状态不变（图41～43）。

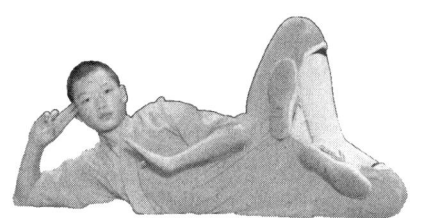

图41

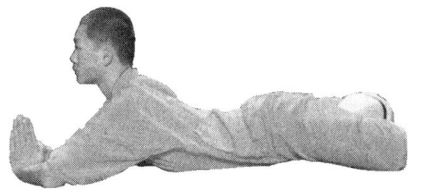

图42

图43

10. 金猿探海

接上动作，两脚盘腿不变，两膝着地，双手握拳着地，将躯干撑起。顺势上体前倾，将重心归于双拳，双拳支撑身体，将盘腿凌驾于空中，呈平衡状态，头抬起，目视前方（图44、图45）。

图44

图45

11. 倒视乾坤

接上动作，头顶触地，与双拳呈三角状态支撑，将盘腿顺势上起，呈三角倒立状态，双脚盘腿不变。顺势双拳变剑指支撑，其他姿势不变（图46～48）。

图 46　　　　　　图 47　　　　　　图 48

12. 扭转乾坤

接上动作,将空中盘腿展开、并拢、向上伸直,顺势鲤鱼打挺起立,向左后撤步,下蹲,双臂伸直于两腿内侧,手掌着地。接着立起,两腿分开两掌向身体两侧插出,左右手依次向上、向后抡臂,转身向右后方穿掌成右弓步,左手扶脚不动,右手臂及头从右腿下方穿至前方,右手单掌合十,将左胯及整个左腿贴于地面,目视前方(图49～55)。

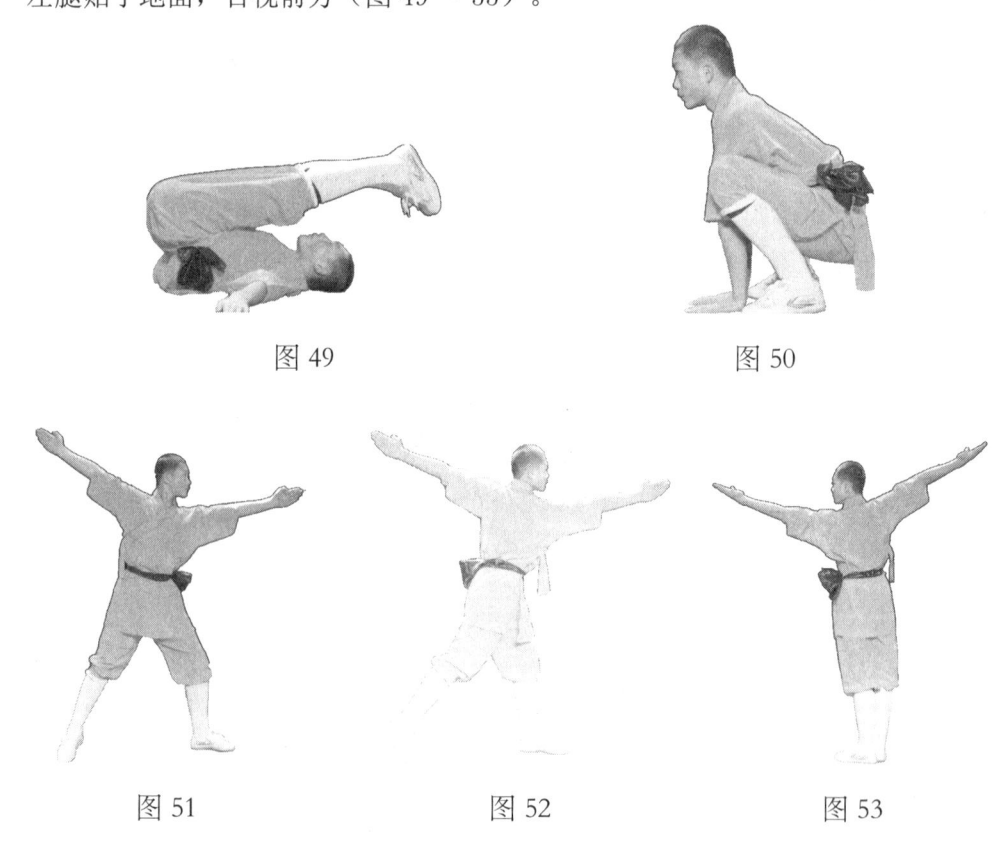

图 49　　　　　　　　　　　图 50

图 51　　　　　　图 52　　　　　　图 53

图 54

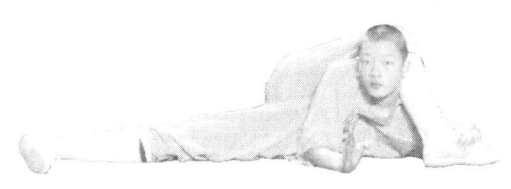
图 55

13. 双龙戏珠

接上动作，头与手原路抽回，顺势向左前滚翻坐地，双腿伸直。左手搬右脚至胸前，再绕至头后方；右手搬左脚至胸前，再绕至头后方。双脚交叉相扣。双手撑地将整个身体撑起，臀部离地。双脚在头后交叉相扣不变，顺势双脚及头部从上方向前方倾，双手支撑不变（图 56～65）。

图 56

图 57

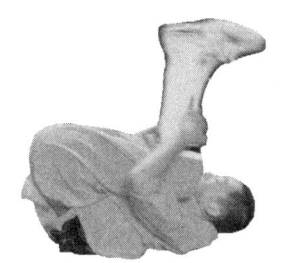
图 58

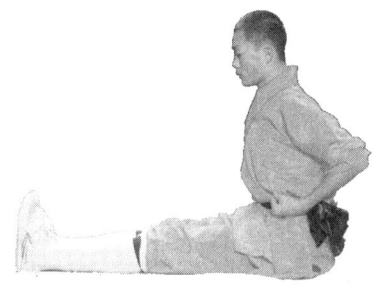
图 59

图 60

图 61

正面 　　　　　　　　　　　　侧面

图 62

正面 　　　　　　　　　　　　侧面

图 63

图 64 侧面 　　　　　　　　图 65 侧面

14. 双龙盘卧

臀部落地，重心后倒，两脚头后交叉相扣不变，双手合十于臀部与下颚之间（图 66）。

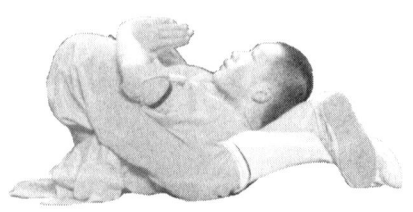

图 66

15. 罗汉睡觉

接上动作,双脚松开并直坐地。左臂弯曲成弧形,略高于肩,手成剑指。右臂伸直,手成剑指,指向右脚。右脚顺势上起,上体向左侧倒,左肘支撑,右脚从上绕至左腿膝盖前方支撑,整个躯干凌空撑起,左右手变剑指,指在左右太阳穴处,目视前方(图67～69)。

图67

图68

图69

16. 老僧坐禅

接上动作,落地坐立,双脚屈膝交叉,双手成禅指平放于膝盖上,双眼微闭,气沉丹田(图70)。

图70

17. 仙童指路

接上动作,双腿伸直并拢,双手成拳收于腰间。右手搬左脚,叠压右大腿上。左手搬右脚,绕至肩后盘扣在头后,左手向左上方冲拳(图71～74)。

图71

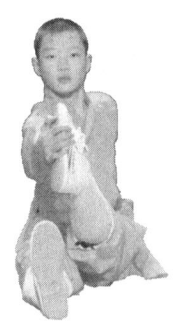  

图72　　　　　　图73　　　　　　图74

18. 金鸡独立

接上动作，左脚抽出，双手扶地，缓慢单腿起立，双手变拳向左右冲出，右脚盘扣在肩后不变，抬头目视前方（图75～77）。

 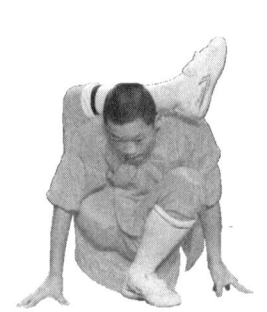 

图75　　　　　　图76　　　　　　图77

19. 大功告成

接上动作，右腿落地成马步，双手左右插出。随后双掌叠交上推至头上方，缓缓下落至小腹前，两拇指相对，手心向上，气沉丹田，双目微闭（图78～80）。

图78

图 79   图 80

20. 收势

接上动作,收右脚,两脚并拢,双手合十于胸前,目视前方(图 81)。

图 81

第五章　五禽戏

动作名称详解

预备式　起势调息

（1）双脚并拢，两手自然下垂于身体两侧，身体自然站立。左脚向左开步，与肩同宽。头项上领，舌抵上腭，收下颌，目视前方（图1、图2）。

图1　　　　　　　　　　　图2

（2）两臂微屈，从体前向上平托至胸高。两肘下垂外展，两掌向内翻转，缓缓下按至丹田处，目视前方（此动作重复两遍）（图3～5）。

图3　　　　　　　　图4　　　　　　　图5

第一节 虎 戏

第一式 虎举

预备式，两手掌心向下，十指撑开弯曲成虎爪状，目视两掌。两手掌外旋握拳，拳心相对。两拳从身体前方缓缓上提至肩膀处，两拳变掌内旋上举至头顶上方，目视两掌上方。两手掌外旋握拳，拳心相对，两肘下垂，两拳至肩膀处。两拳变掌，掌心朝下，缓缓下按至丹田处，目视两掌。（此动作重复两遍）两手臂自然落于身体两侧，目视前方（图6～10）。

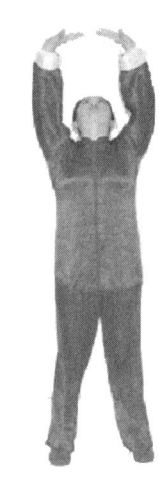

图6　　　　　　　图7　　　　　　　图8

图9　　　　　　　　　　　图10

第二式 虎扑

接上式，两手掌变拳，从身体两侧上提至肩膀处。两拳变虎掌，掌心朝下，两掌向身体前方划弧。同时，上身前俯，挺胸塌腰，目视前方。两腿屈膝下蹲，收腹含胸。同时，两手臂回收向下划弧至两腿外侧，掌心向下，目视前下方。

两腿站立，同时两掌变拳上提至胸前，目视前方（图11～15）。

两腿屈膝下蹲，同时左腿提起，勾脚尖向前伸蹬腿，脚跟着地；两手臂下落于身体两侧，右腿下蹲变虚步。上体前倾，两拳变虎爪向前、向下扑至膝前收于髋关节两侧，掌心向下，目视前下方。上身抬起，收左脚，开步站立，两手自然落于身体两侧，目视前方（图16～18）。

左右腿动作相互交换，其他动作不变，重做一遍。

图11 　　　　　图12 　　　　　图13 　　　　　图14

图15 　　　　　图16 　　　　　图17 　　　　　图18

第二节 鹿 戏

第一式 鹿抵

接上式，两腿微屈，身体重心移至右腿。左腿向左前方伸腿，脚跟着地。身体右转，两手握拳向侧摆起，拳心向下与肩平。目随手动，视右拳。身体重心前移，左腿屈膝，脚尖外展 45°，右腿蹬直。同时，身体左转，两拳变掌成鹿角，向左后方划弧伸抵，掌心向外，指尖朝后。左臂弯曲外展平伸至左腰外侧；右臂举至头齐，向左后方划弧伸抵。目视左下方。身体右转，左脚收回，开步站立，两手臂自然落于身体两侧，目视前方（图 19～21）。

图 19　　　　　　　　图 20　　　　　　　　图 21

此动作往右侧相反方向重复做一遍，左右手臂和腿动作位置相互交换，其他动作不变（图 22～24）。

图 22　　　　　　　　图 23　　　　　　　　图 24

第二式 鹿奔

接上式，左脚向前上步，成左弓步。同时，两手握拳，向前划弧至胸前，与肩同高同宽，拳心向下，目视前方。身体重心后移，右腿屈膝变虚步；左腿伸直，全脚掌着地。同时，两臂内旋，掌背相对变鹿角，前伸，低头，收腹，弓背。身体重心前移，变成左弓步，上身抬起，右腿蹬直，两臂外旋，鹿角掌变拳，拳心向下。左脚收回，开步站立，两手臂自然落于身体两侧，目视前方（图25～28）。

图 25　　　　　图 26　　　　　图 27　　　　　图 28

此动作往右侧相反方向重复做一遍，左右手臂和腿动作位置相互交换，其他动作不变（图29～32）。

图 29　　　　　图 30　　　　　图 31　　　　　图 32

第三节 熊 戏

第一式 熊运

接上式，两手握拳成熊掌，拳眼相对，放于丹田处，目视两拳。以腰腹为轴，上体做顺时针旋转。同时，两拳顺沿腹部，顺时针方向，从右侧往上、向左、向下画圆。目随上体旋转，环视一周。两拳变掌，自然落于身体两侧，目视前方（图33～37）。

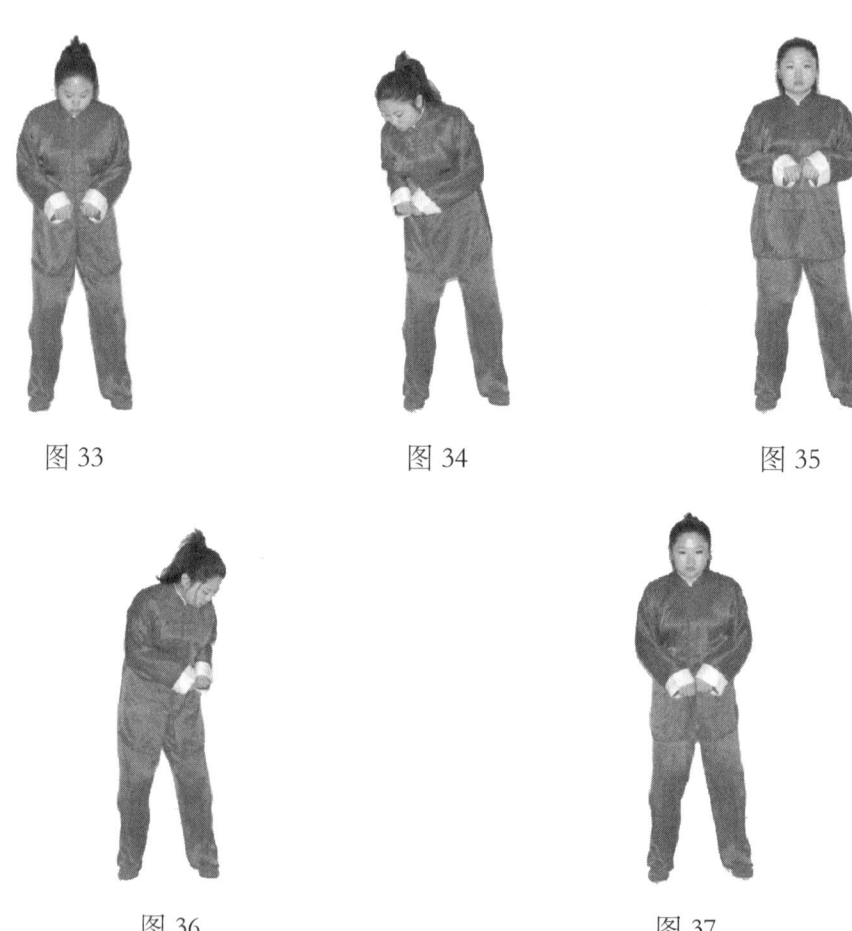

图33　　　　　　　图34　　　　　　　图35

图36　　　　　　　图37

此动作按逆时针方向重复做一遍，其他动作不变（图38～42）。

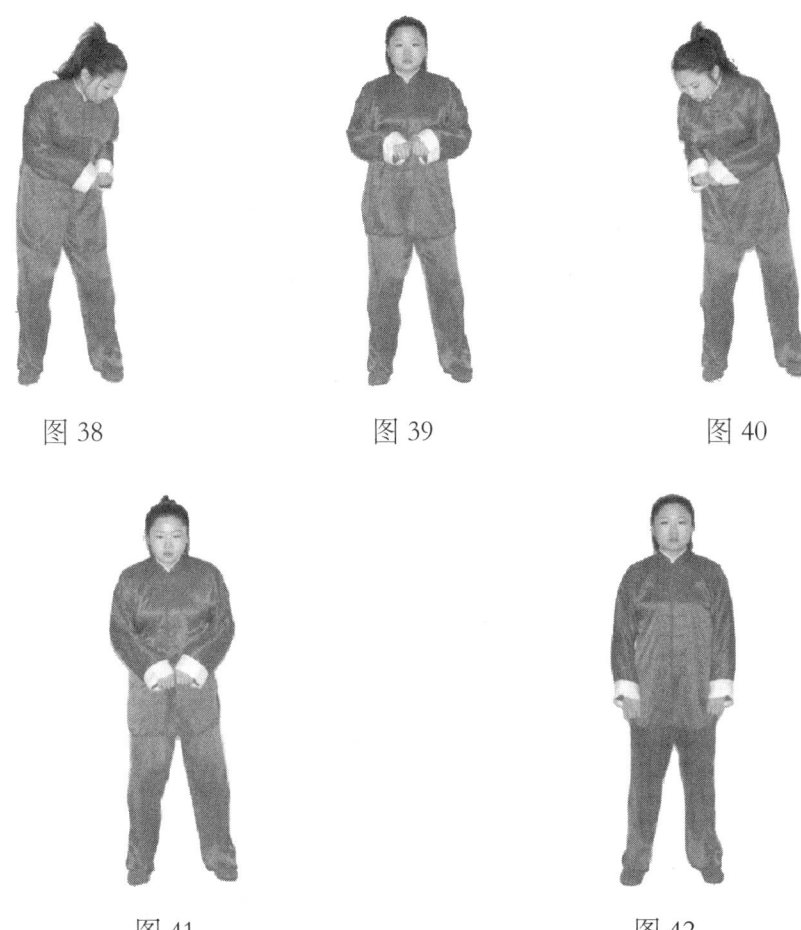

图38　　　　　　图39　　　　　　图40

图41　　　　　　　　　图42

第二式　熊晃

接上式，身体左转，重心移至右腿，抬左脚，向左前方上步，成左弓步，右腿伸直。两手握成熊掌，身体微右转，重心前移。同时左拳摆至身体左前方，拳心向右；右拳摆至身体后方，拳心向右，目视左前方。身体重心后移至右腿，右腿屈膝向下，左腿伸直。同时，拧腰晃肩，带动两臂前后弧形摆动，右拳内旋摆至身体前方，拳心向右；左拳摆至身体后方，拳心向后。左拳摆至身体前方，拳心向左；右拳摆至身体后方，拳心向后，目视左前方。身体重心前移，左腿屈膝变弓步，右腿伸直。左臂内旋前摆至身体左前方，拳心向左；右拳摆至身体后方，拳心向后。左臂回收同时，左脚收回，两脚并步站立。两臂从身体两侧由下往上屈臂托举至胸前半包圆，两掌斜相对。两掌内旋，自然下垂至身体两侧，目视前方（图43～46）。

图 43　　　　　图 44　　　　　图 45　　　　　图 46

此动作，往右相反方向重复做一遍（图 47～50）。

图 47　　　　　图 48　　　　　图 49　　　　　图 50

重复动作一遍后，左脚上步，开步站立。两手自然落于身体两侧，目视前方（图 51）。

图 51

第四节 猿 戏

第一式 猿戏

接上式，两手掌在身体前手指伸直分开，屈腕，五指收拢变猿勾。两掌上提至胸前变猿勾，两肩上耸，收腹提肛，两脚跟提起，头向左转，目视左侧。两肩下沉，头回转止，松腹落肛，脚跟落地。同时，猿勾变掌，掌心向下，自然落于身体两侧，目视前方（图52～57）。

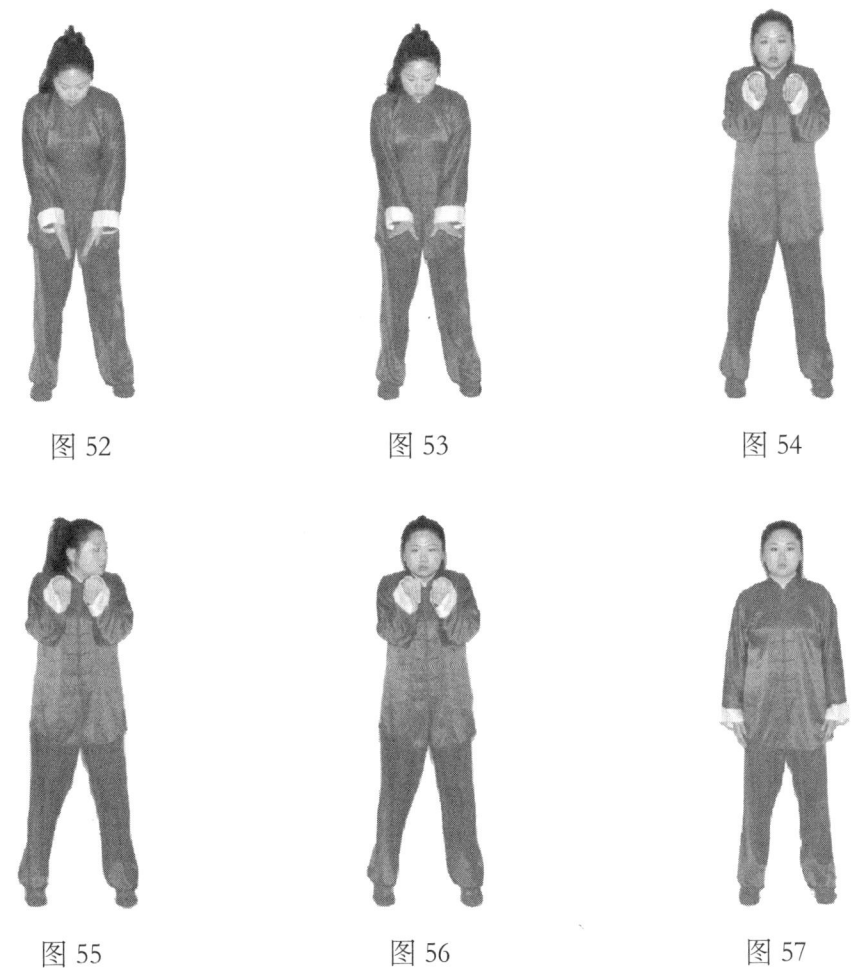

图 52　　　　　　　图 53　　　　　　　图 54

图 55　　　　　　　图 56　　　　　　　图 57

此动作，头部往右相反方向转头，其他动作不变，重复做一遍（图58～64）。

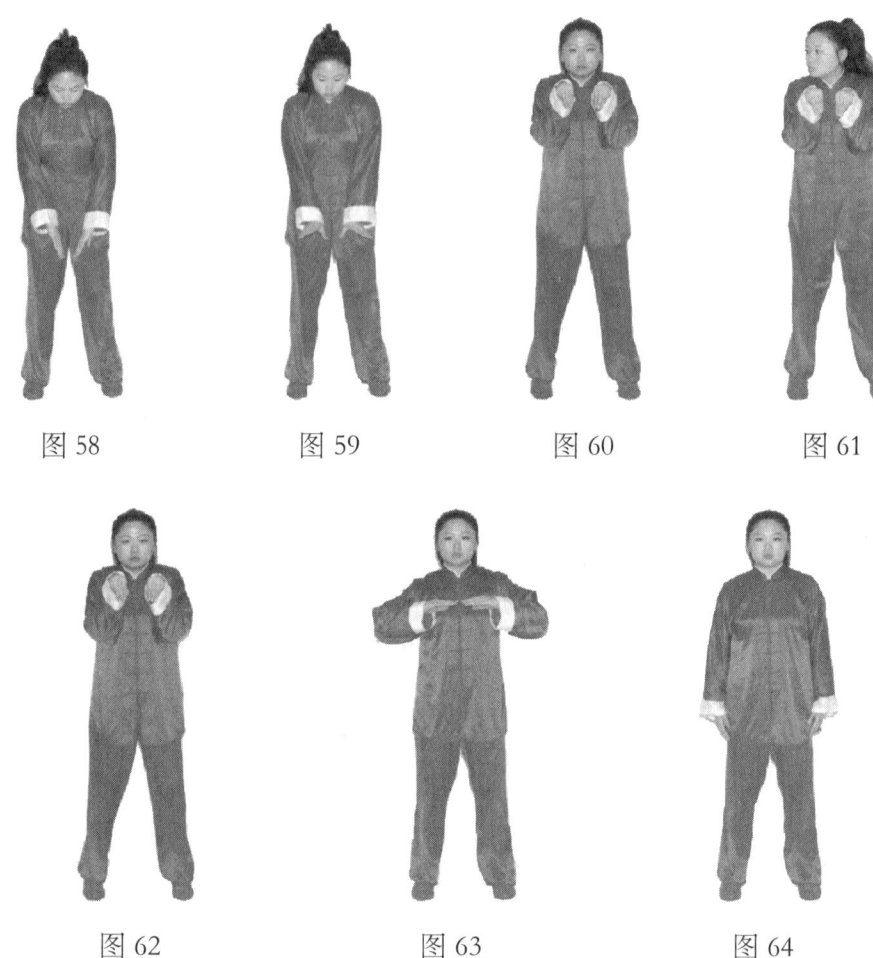

图 58　　　　图 59　　　　图 60　　　　图 61

图 62　　　　　　图 63　　　　　　图 64

第二式　猿摘

接上式，左脚向左后方退步，脚尖点地；右腿屈膝，重心落于右腿。同时，左臂屈肘，左掌成猿勾收至左腰间，右掌向右前方自然摆起。身体重心后移至左腿，左脚落地，屈膝下蹲；右脚收回至左脚内侧，脚尖点地，成右丁字步。同时，右掌向下经腹前向左上方划弧至头左侧，掌心对太阳穴。目随右掌转动，注视右前上方。右掌内旋，掌心向下，沿身体左侧下按至髋关节处。右脚向右前方上步，右腿伸直，身体重心前移至右腿，左脚尖点地。同时，右掌经身体前方向右后上方划弧至右侧方向，成猿勾手高于肩；左猿勾手向前上方，屈腕撮勾，成采摘势，目视左猿勾手方向（图 65～68）。

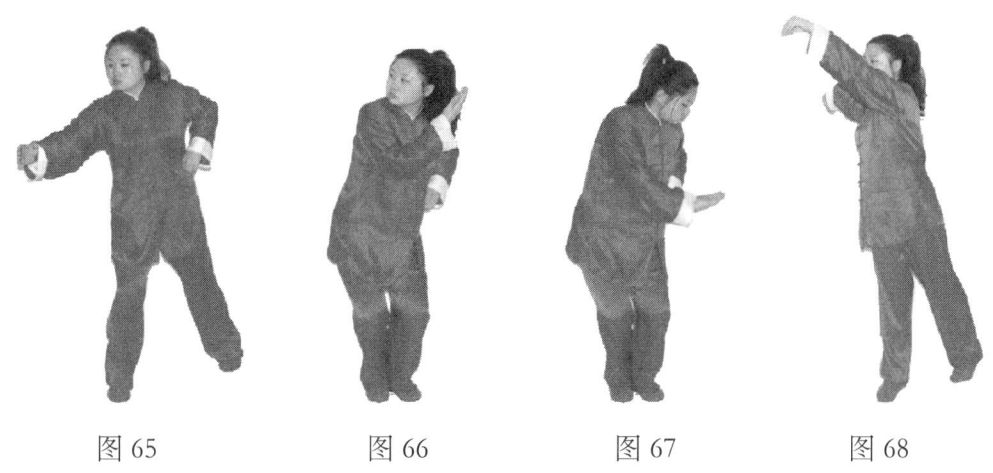

图 65　　　　图 66　　　　图 67　　　　图 68

身体重心后移至左腿，左腿屈膝下蹲，右脚收至左脚内侧，脚尖点地，成丁字步。同时，左猿勾手变掌，屈肘，收至左耳旁，五指分开，掌心向上，成托桃状；右猿勾手变掌，掌心向下，经身体前方丹田处向左划弧至左肘下方托举，目视左掌方向（图69）。

此动作，左右互换往相反方向，重做一遍（图70～74）。

图 69　　　　图 70　　　　图 71

图 72　　　　图 73　　　　图 74

重复动作一遍后，左脚向左横跨一步，两腿直立，与肩同宽。同时，两手臂自然下落于身体两侧，目视前方（图75）。

图 75

第五节　鸟　戏

第一式　鸟伸

接上式，两腿屈膝半蹲，两掌在腹前相叠。两掌向上举至头前上方，掌心向下，指尖向前。身体向前倾，提肩，缩项，挺胸，塌腰，目视前下方。两腿屈膝半蹲，同时两掌相叠下按至丹田处，目视两掌。身体重心右移至右腿，右腿蹬直，左腿屈伸向后上方抬起。同时，两掌左右分开，成鸟翅向身体后方摆起，掌心向上。抬头，伸颈，挺胸，塌腰，目视前方，左脚落地开步站立，两腿屈膝半蹲，两掌下落叠于丹田处，目视前方（图76～80）。

图 76

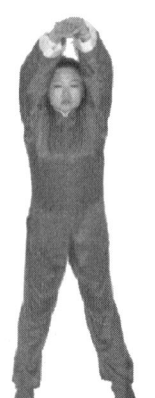

图 77

图 78

图 79　　　　　　　图 80

此动作左右腿互换，其他动作不变，重做一遍（图81～84）。

重复一遍后，右脚下落，两脚落地开步站立，两臂自然下垂于身体两侧，目视前方（图85）。

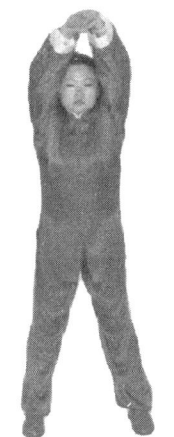

图 81　　　　　　　图 82　　　　　　　图 83

正面　　　　　　　侧面

图 84　　　　　　　　　　　　　图 85

第二式　鸟飞

接上式，两腿屈膝半蹲，两手掌变鸟翅形收于丹田处，掌心相对，目视前下方。身体重心右移，右腿独立；左腿屈膝提起与腰齐，脚尖内扣。同时，两手掌成展翅状在身体两侧，向上平举高于肩，掌心向下，目视前方。左脚落地，两腿微屈下蹲。同时，两掌合于丹田处，掌心相对，目视前下方。左腿独立；右腿屈膝提起，脚尖内扣。两手掌经身体两侧向上举至头顶上方，掌心相对，指尖向上，目视前方。左脚落地开步站立，两腿屈膝半蹲，两掌合于丹田处，掌心相对，目视前下方（图86～90）。

图86　　　　　　　图87　　　　　　　图88

图89　　　　　　　图90

此动作，左右腿互换，其他动作不变，重做一遍（图91～93）。

  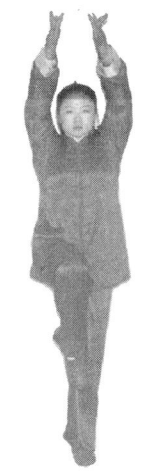

图 91　　　　　　　图 92　　　　　　　图 93

重复动作一遍后，右脚下落，两脚落地开步站立，两臂自然下落于身体两侧，目视前方（图94、图95）。

图 94　　　　　　　　　　　图 95

收势　气守丹田

两掌经身体两侧上举至头顶上方，掌心相对。两掌指尖相对，从身体前方下按至丹田处。两掌向后沿头顶、耳后、胸前自然下落于身体两侧，左脚向右脚并拢，目视前方（图96～99）。

图 96　　　　　图 97　　　　　图 98　　　　　图 99

第六章　梁氏少林养生八段锦

梁氏少林养生八段锦，在传统功法的基础上，融合了少林养生功法的特点。通过长期的研习，动作精细，保健医疗效果显著。前四个动作，强调了手臂的旋转和身体的拉伸，增强了身体的柔韧性及气血脉络的疏通。后四个动作，通过周身穴位的拍打，对脏腑气息的调理，达到内练精气神，外练筋骨皮的效果。调动了内三合与外三合的协调发展，起到了内外兼修，延年益寿的作用。

动作名称详解

预备式

双脚并拢，两臂自然下垂，目视前方（图1）。

图1

第一式　托天提地理三焦

左式：

（1）左脚向左开步与肩同宽，同时两握拳抱于腰间，目视前方（图2）。

图2

（2）两拳变掌插至腹前，指尖相对，掌心向上，两掌上托经胸前翻掌向上撑举至头顶上方，掌心向上；两掌向身体两侧下落至两腿外侧，目视前方（图3～8）。

图 3 　　　　　　　　图 4 　　　　　　　　图 5

图 6 　　　　　　　　图 7 　　　　　　　　图 8

（3）两掌上托经腹前时指尖相对，掌心向上，两掌继续上托经胸前翻掌向上撑举至头顶上方，掌心向上；两掌向身体两侧下落至两腿外侧，同时收左脚成站立式，目视前方（图 9～14）。

图 9　　　　　　　　图 10　　　　　　　　图 11

图 12　　　　　　　　图 13　　　　　　　　图 14

右式：

（1）右脚向右开步与肩同宽，同时两掌上托经腹前时十指交叉，两掌继续上托经胸前翻掌向上撑举至头顶上方，掌心向上；两掌翻掌掌心向下经体前下按至小腹前，两臂伸直，同时两腿屈蹲呈水平，目视前方（图15～18）。

图 15　　　　　图 16　　　　　图 17　　　　　图 18

（2）起身，同时翻掌上托经胸前翻掌上撑举至头顶上方，掌心向上，两掌翻掌掌心向下按出接近地面，两膝挺直；起身，同时翻掌上托经胸前翻掌上撑举至头顶上方，两掌分开向身体两侧下落至两腿外侧，同时收右脚成站立式，目视前方（图19～25）。

图 19 　　　　图 20 　　　　图 21 　　　　图 22

图 23 　　　　　　图 24 　　　　　　图 25

第二式　左肝右肺如射雕

左式：

（1）左脚向左开步，两腿屈蹲成马步，同时两臂屈肘交叉于胸前，掌心向内，左掌在内，左掌外旋向左伸出，同时右掌屈臂右拉，两掌分开后顺势握拳向左右两侧平行拉开，两拳成立拳，右拳拳心向内，力达肘尖，目视右前方。向左摆头，左拳变掌，五指自然分开，目视左前方（图 26～28）。

图26　　　　　　　　图27　　　　　　　　图28

（2）两手回收，右拳变掌与左掌在胸前交叉，掌心向内，右掌在内，右掌外旋向右伸出，同时左掌屈臂左拉，两掌分开后顺势握拳向左右两侧平行拉开，两拳成立拳，左拳拳心向内，力达肘尖，目视左前方。向右摆头，右拳变掌，五指自然分开，目视右前方（图29～31）。

图29　　　　　　　　图30　　　　　　　　图31

（3）两手回收，左拳变掌与右掌在胸前交叉，掌心向内，左掌在内。两掌同时外旋翻掌下落至两腿外侧，同时收左脚成站立式，目视前方（图32、图33）。

图32　　　　　　　　图33

右式：

（1）右脚向右开步，两腿屈蹲成马步，同时两臂提起交叉于胸前，掌心向内，右掌在内，右掌外旋向右伸出，同时左掌屈臂左拉，两掌分开后顺势握拳向左右两侧平行拉开，两拳成立拳，左拳拳心向内，力达肘尖，目视左前方。向右摆头，右拳变掌，五指自然分开，目视右前方（图34～36）。

图34　　　　　　　　图35　　　　　　　　图36

（2）两手回收，左拳变掌与右掌在胸前交叉，掌心向内，左掌在内，左掌外旋向左伸出，同时右掌屈臂右拉，两掌分开后顺势握拳向左右两侧平行拉开，两拳成立拳，右拳拳心向内，力达肘尖，目视右前方。向左摆头，左拳变掌，五指自然分开，目视左前方（图37～39）。

图37　　　　　　　　图38　　　　　　　　图39

（3）两手回收，右拳变掌与左掌在胸前交叉，掌心向内，右掌在内。两掌同时外旋翻掌下落至两腿外侧，同时收右脚成站立式，目视前方（图40、图41）。

图40　　　　　　图41

第三式　东脾西胃须单托

左式：

（1）左脚向左开步与肩同宽，同时两掌托起至腹前，左掌在上，两掌掌心向上，左掌经胸前翻掌向上撑举至头顶，掌心向上，同时右掌翻掌下按至右髋关节后变勾手，勾尖向上，目视前方（图42、图43）。

图42

图43

（2）左掌外翻下落经腹前翻掌下按至左髋关节后变勾手，勾尖向上，同时右勾手变掌上托经胸前翻掌向上撑举至头顶，掌心向上，两掌在腹前交叉时右掌在外，目视前方（图44、图45）。

图44

图45

（3）右掌翻掌下落至腹前，左勾手变掌上托至腹前，右掌在上，掌心向上，两掌同时外旋翻掌下落至两腿外侧，同时收左脚成站立式，目视前方（图46、图47）。

图 46　　　　　　　　　图 47

右式：

（1）右脚向右开步与肩同宽，两掌托起至腹前，右掌在上，两掌掌心向上，右掌经胸前翻掌向上撑举至头顶，掌心向上，同时左掌翻掌下按至左髋关节后变勾手，勾尖向上，目视前方（图48、图49）。

图 48　　　　　　　　　图 49

（2）右掌外翻下落经腹前翻掌下按至右髋关节后变勾手，勾尖向上，同时左勾手变掌上托经胸前翻掌向上撑举至头顶，掌心向上，两掌在腹前交叉时左掌在外，目视前方（图50、图51）。

图 50　　　　　　　　　图 51

（3）左掌翻掌下落至腹前，右勾手变掌上托至腹前，左掌在上，掌心向上，两掌同时外旋翻掌下落至两腿外侧，同时收右脚成站立式，目视前方（图52、图53）。

图 52　　　　　　　　图 53

第四式　五劳七伤往后瞧

左式：

（1）左脚向左开步与肩同宽，两手向身体两侧伸出与腰平，同时两手臂向外旋转180°，两掌掌心向上，目视左后方（图54）。

（2）两手臂向内旋转360°，两掌掌心向上，目视右后方（图55）。

（3）两手臂向外旋转360°，两掌掌心向上，目视左后方（图56）。

（4）两手臂内旋下落至两腿外侧，同时收左脚成站立式，目视前方（图57）。

图 54　　　　图 55　　　　图 56　　　　图 57

右式：

（1）右脚向右开步与肩同宽，两手向身体两侧伸出与肩平，同时两手臂向外旋转180°，两掌掌心向上，目视右后方（图58）。

（2）两手臂向内旋转360°，两掌掌心向上，目视左后方（图59）。

（3）两手臂向外旋转360°，两掌掌心向上，目视右后方（图60）。

（4）两手臂内旋下落至两腿外侧，同时收右脚成站立式，目视前方（图61）。

图 58

图 59

图 60

图 61

第五式　摇头摆尾去心病

左式：

（1）左脚向左开步，屈膝下蹲成马步，同时两手外旋向上托举与肩平，两手内旋翻掌虎口向内下扣于大腿上方，目视前方（图62）。

图 62

（2）低头俯身，重心右移，拧腰转胯，以头带动身体由右向左转动；重心左移变左弓步，左手位置不变，右手自然贴于右腿上，抬头挺胸，目视左前方（图63～65）。

图63　　　　　　　　图64　　　　　　　　图65

（3）低头俯身，拧腰转胯，以头带动身体由左向右转动。重心右移变右弓步，右手位置不变，左手自然贴于左腿上，抬头挺胸，目视右前方（图66～68）。

图66　　　　　　　　图67　　　　　　　　图68

（4）低头俯身，拧腰转胯，重心回移变马步，以头带动身体由右向左转动至正面。两手虎口向内下扣于大腿上方，抬头挺胸，目视前方。两手臂下落至两腿外侧，同时收左脚成站立式，目视前方（图69～72）。

图69　　　　　图70　　　　　图71　　　　　图72

右式：

（1）右脚向右开步，屈膝下蹲成马步，同时两手外旋向上托举与肩平，两手内旋翻掌虎口向内下扣于大腿上方，目视前方（图73）。

（2）低头俯身，重心左移，拧腰转胯，以头带动身体由左向右转动；重心右移变右弓步，右手位置不变，左手自然贴于左腿上，抬头挺胸，目视右前方（图74～76）。

图73

图74　　　　　　　图75　　　　　　　图76

（3）低头俯身，拧腰转胯，以头带动身体由右向左转动。重心后移变左弓步，左手位置不变，右手自然贴于右腿上，抬头挺胸，目视左前方（图77～79）。

图77　　　　　　　图78　　　　　　　图79

（4）低头俯身，拧腰转胯，重心回移变马步，以头带动身体由左向右转动至正面。两手虎口向内下扣于大腿上方，抬头挺胸，目视前方。两手臂下落至两腿外侧，同时收右脚成站立式，目视前方（图80～83）。

图 80

图 81

图 82

图 83

第六式　手搬脚心理肾腰

左式：

（1）左脚向左开步与肩同宽，同时两掌掌心向上托起至胸前，两掌内旋经腋下后伸，翻掌虎口向下贴于脊柱两侧向下推按，两腿屈膝下蹲呈水平，同时两手经臀部、腿部后侧向下推按至脚后跟处，两手沿脚外侧前伸搬住脚尖，仰头上看，起身，目视前方（图84～89）。

图 84

正面
图 85

反面

正面　　　　　　反面　　　　　　　正面　　　　　　　反面

图 86　　　　　　　　　　　　　　图 87

图 88　　　　　　　　图 89

（2）两掌掌心向上托起至胸前，两掌内旋经腋下后伸，翻掌虎口向下贴于脊柱两侧向下推按，两手经臀部、腿部后侧下推按至脚后跟处，两手沿脚外侧前伸搬住脚尖，两腿挺直，仰头上看，起身，两手臂放至两腿外侧，同时收左脚成站立式，目视前方（图 90～96）。

图 90　　　　　　　　图 91　　　　　　　　图 92

正面　　　　　　　反面

图 93

图 94　　　　　图 95　　　　　图 96

右式：

（1）右脚向右开步与肩同宽，同时两掌掌心向上托起至胸前，两掌内旋经腋下后伸，翻掌虎口向下贴于脊柱两侧向下推按，两腿屈膝下蹲呈水平，同时两手经臀部、腿部后侧向下推按至脚后跟处，两手沿脚外侧前伸搬住脚尖，仰头上看，起身，目视前方（图 97～103）。

图 97　　　　图 98　　　　图 99　　　　图 100

图 101　　　　　图 102　　　　　图 103

（2）两掌掌心向上托起至胸前，两掌内旋经腋下后伸，翻掌虎口向下贴于脊柱两侧向下推按，两手经臀部、腿部后侧下推按至脚后跟处，两手沿脚外侧前伸搬住脚尖，两腿挺直，仰头上看，起身，两手臂放至两腿外侧，同时收右脚成站立式，目视前方（图104～110）。

图 104　　　　　图 105　　　　　图 106

图 107　　　　图 108　　　　图 109　　　　图 110

第七式　攒拳怒目增力气

左式：

（1）左脚向左开步，屈膝下蹲成马步，同时两手抱拳与腰间，拳心向上，目视前方（图111）。

图 111

（2）右拳提起经胸前内旋向前冲出，右拳变掌，五指自然伸开，掌心向下。手臂外旋，掌心向上，右掌变拳经胸前收回腰间（图112～114）。

图 112　　　　　图 113　　　　　图 114

（3）左拳提起经胸前内旋向前冲出，左拳变掌，五指自然伸开，掌心向下。手臂外旋，掌心向上，左掌变拳经胸前收回腰间。两手臂下落至两腿外侧，同时收左脚成站立式，目视前方（图115～118）。

图 115　　　　图 116　　　　图 117　　　　图 118

右式：

（1）右脚向右开步，屈膝下蹲成马步，同时两手抱拳与腰间，拳心向上，目视前方（图119）。

图119

（2）重心右移，身体右转变右弓步，同时左拳提起经胸前内旋向前冲出，左拳变掌，五指自然伸开，掌心向下；重心左移，身体左转变马步，同时左手臂外旋，掌心向上，左掌变拳经胸前收回腰间，目视前方（图120～123）。

图120　　　　　　　　图121

图122　　　　　　　　图123

（3）重心左移，身体左转变左弓步，同时右拳提起经胸前内旋向前冲出，右拳变掌，五指自然伸开，掌心向下；重心右移，身体右转变马步，同时右手臂外旋，掌心向上，右掌变拳经胸前收回腰间。两手臂下落至两腿外侧，同时收右脚成站立式，目视前方（图124～128）。

| 图 124 | 图 125 | 图 126 |

| 图 127 | 图 128 |

第八式　七踮拍打百病消

左式：

（1）左脚向左开步与肩同宽，同时两手交叉叠放于丹田处，掌心向内，左手在外，两脚前脚掌用力上顶，脚跟离地，同时头向上领，舌抵上腭，牙齿微扣，提臀收肛，然后自然下落，目视前方（图129）。

（2）此式重复做7次，两手分开落至两腿外侧，同时收左脚成站立式，目视前方（图130）。

| 图 129 | 图 130 |

右式：

（1）右脚向右开步与肩同宽，左手掌心拍打丹田处，右手手背拍打命门穴；右手掌心拍打丹田处，左手手背拍打命门穴，目视前方（图131、图132）。

图131　　　　　　　　　　　图132

（2）左手掌心拍打右肋处，右手手背拍打左腰眼处；右手掌心拍打左肋处，左手手背拍打右腰眼处（图133、图134）。

图133　　　　　　　　　　　图134

（3）左手掌心拍打右肩井穴，右手手背拍打左腰眼处；右手掌心拍打左肩井穴，左手手背拍打右腰眼处（图135、图136）。

图 135　　　　　　　　　图 136

（4）左手掌心拍打右肋处，右手手背拍打左腰眼处；右手掌心拍打左肋处，左手手背拍打右腰眼处（图137、图138）。

图 137　　　　　　　　　图 138

（5）左手掌心拍打丹田处，右手手背拍打命门穴；右手掌心拍打丹田处，左手手背拍打命门穴（图139、图140）。

图 139　　　　　　　　　图 140

（6）两手臂落至两腿外侧，同时收右脚成站立式，目视前方（图141）。

图 141

第七章　少林小武功

第一节　少林小武功动作名称歌诀

第一蹲虎势为先，阴去阳来梭子穿。
斜扎弓步龙探爪，白牛转角顶底全。
起手大鹏双展翅，落如狮子居其间。
手托志石胸前抱，左右开合两膀圆。
迎面推打泰山倒，两条玉柱又擎天。
两膀坠下停身力，龙蚓二虎分两边。
回光返照从容主，长运气主是真传。

第二节　少林小武功运气歌诀

歌诀一

五更黎明早起身，面向东方吸气深。
放长呼吸泄肺气，寒暑不误练百春。
运气上升昆仑顶，缓缓降下达足心。
起落开合贯一气，上下左右气附身。
气发丹田达指尖，气回肺腑松静存。
手滚而出气力催，身滚而动气力随。
武功运气贵于缓，功深能使气深沉。
气畅之人命长久，气短气弱难生存。

歌诀二

马步站立，身法自然。
气吸手出，气呼手还。
上关天户，下闭地户。
两头封锁，气沉丹田。
牙齿微扣，嘴唇微合。
舌抵上腭，目似垂帘。
纳如起飞，吐似落雁。
气通上下，周身循环。

注：小武功是用逆呼吸法，难度较大，练者慎之。

第三节　少林小武功

动作名称详解

预备式

两腿并步站立，两手臂自然下垂于身体两侧，五指并拢，掌心贴于两腿外侧，挺胸收腹，意守丹田，目视正前方（图1）。

图1

第一式　第一蹲虎势为先，阴去阳来梭子穿

左脚向左跨步，两脚尖朝前，髋关节下蹲成马步，两膝关节内扣。同时两手握拳，提肘抱拳于腰间，身体重心在两腿中间，收下颌，舌顶上颚，意守丹田，目视正前方（图2）。

图2

1. 左拳提起经胸前向正前方内旋冲出，拳心向下（图3）。手臂伸直后，五指朝正前方自然伸开，掌心向下（图4）。左臂和手掌外旋翻掌，掌心向上（图5）。左掌变拳，屈肘收回，经胸前收于腰间（图6）。

图 3　　　　　图 4　　　　　图 5　　　　　图 6

2. 右拳提起经胸前向正前方内旋冲出，拳心向下（图7）。手臂伸直后，五指朝正前方自然伸开，掌心向下（图8）。右臂和手掌外旋翻掌，掌心向上（图9）。右掌变拳，屈肘收回，经胸前收于腰间（图10）。

图 7　　　　　图 8　　　　　图 9　　　　　图 10

3. 身体左转成左弓步，右拳从腰间提起经胸前向正前方内旋冲出，拳心向下。手臂伸直后，五指朝正前方自然伸开，掌心向下（图11～13）。右臂和手掌外旋翻掌，右掌变拳，拳心向上（图14）。屈肘回收至胸前，身体同时右转变马步，右拳收于腰间（图15、图16）。

图 11　　　　　图 12　　　　　图 13

图 14 图 15 图 16

4. 身体右转变右弓步，左拳从腰间提起，经胸前向右正前方内旋冲出，拳心向下（图17、图18）。手臂伸直后，五指朝正前方自然伸开，掌心向下（图19）。左臂和手掌外旋翻掌，掌心向上（图20）。左掌变拳，拳心向上，屈肘收至胸前，身体同时左转变马步，左拳收于腰间（图21、图22）。

图 17 图 18 图 19

图 20 图 21 图 22

第二式　斜扎弓步龙探爪，白牛转角顶底全

1. 接上势，马步不变，两拳变掌，掌心向上，两手重叠，右手在上，左手在下，从身体前方向上托举，左手护住右臂肘关节处（图23、图24）。右臂内旋至头顶，向上托举，掌心向上，右手指朝左方。左手掌至右肩处，掌心向左前方（图25）。右臂外旋回收，与右耳齐。左手托右肘关节处，右手掌心向左前方（图26）。身体左转变左弓步，左手掌内旋，掌心向外，手掌平行划弧线向左前方搂出，同时头和眼睛随左手往左转，平视左前方（图27）。身体左转，左掌收于腰间抱拳；右掌向前下方推出至踝关节处，掌心向下（图28、图29）。右掌外旋翻掌，掌心向前（图30）。右掌变拳缓缓提起至胸前，身体向右转，左弓步变马步，右拳收于右腰间（图31）。

图23　　　　　　　图24　　　　　　　图25

图26　　　　　　　图27　　　　　　　图28

图 29　　　　　　　　图 30　　　　　　　　图 31

2. 接上势，马步不变，两拳变掌，掌心向上，两手重叠，左手在上，右手在下，从身体前方向上托举，右手护住左肘关节处（图32、图33）。左臂内旋至头顶向上托掌，掌心向上，左手指朝右方，右手掌至左肩处，掌心向右前方（图34）。左臂外旋回收，与左耳齐。右手托左手臂肘关节处，左手掌心向右前方（图35）。身体右转变右弓步，右手掌内旋，掌心向外平行划弧线向右前方搂出，同时头和眼随右手往右转，平视右前方（图36）。身体右转变右弓步，右手掌收于右腰间抱拳，左手往前下方推出至踝关节处，掌心向下（图37、图38）。左手掌外旋翻掌，掌心向前（图39）。左手掌变拳缓缓提起至胸前，起身左转，右弓步变马步，左拳收于腰间（图40）。

图 32　　　　　　　　图 33　　　　　　　　图 34

图 35　　　　　　　　图 36　　　　　　　　图 37

图 38　　　　　　　图 39　　　　　　　图 40

第三式　起手大鹏双展翅，落如狮子居其间
　　　　手托志石胸前抱，左右开合两膀圆

接上势，马步不变，两拳变掌，掌心向上，由身体前平推，两手五指相对于肚脐处（图41、图42）。掌平行上托至胸前（图43）。两手掌同时内旋翻掌，掌心向下，往左右两侧平行伸出，气达指尖（图44）。身体前俯，两手臂同时下落至两脚尖处，两手掌心相对（图45）。身体往上起，两手掌心向上屈臂托起，两手臂成椭圆形，步型为半蹲势，发劲抖身两次（图46、图47）。两手掌左右两侧平行拨推，两手臂自然弯曲，指尖朝上，同时下蹲成马步（图48）。两手掌外旋翻掌，掌心向上，两手掌变拳收于腰间（图49）。

图 41　　　　　　　图 42　　　　　　　图 43

图 44　　　　　　　图 45　　　　　　　图 46

图 47　　　　　　　　图 48　　　　　　　　图 49

第四式　迎面推打泰山倒，两条玉柱又擎天
**　　　　两膀坠下停身力，龙蚓二虎分两边**

接上势，马步不变，两拳提起至胸前，两拳内旋变掌，掌心朝正前方，平行推出，掌指朝上（图50、图51）。两臂与肩同宽，两手掌外旋成托举势，掌心向上（图52）。两掌变拳收于胸前，两拳同时向上冲拳，拳心相对，手臂伸直。两腕关节交叉成十字手，右拳在前，左拳在后（图53、图54）。上身前俯，两手臂下坠至地面，马步变成两腿站立势（图55）。两拳外绕旋一周，变掌向左右两侧分开，同时下蹲成马步，两手臂提起自然弯曲，两掌心向外，掌指朝上（图56、图57）。两手掌和手臂同时外旋成托举动作，两手掌心向上，两掌变拳收于腰间（图58）。

图 50　　　　　　　　图 51　　　　　　　　图 52

图 53　　　　　　　　图 54　　　　　　　　图 55

图 56　　　　　　　　图 57　　　　　　　　图 58

第五式　回光返照从容主，长运气主是真传

接上势，马步不变，两拳提起至胸前（图59、图60）。两拳内旋变掌，掌心向下，两手掌向正前方平行插掌，气达指尖，两臂与肩同宽（图61、图62）。两臂和手掌同时外旋成托举势，掌心向上（图63）。两掌变拳回收，经胸前落于腰间（图64）。两拳变掌，两臂下伸，掌心向前，同时两腿自然站立（图65）。两臂由身体两侧缓缓托举至头顶重叠，掌心向前，左手在后，右手在前（图66、图67）。两掌由头顶向下按至丹田处，两掌心向内（图68）。收左脚，两腿并步站立，两手臂自然下垂于身体两侧，掌心向内，意守丹田，目视正前方（图69）。

图 59　　　　　　　　图 60

图 61

图 62

图 63

图 64

图 65

图 66

图 67

图 68

图 69

第八章 散 打

第一节 散打实战姿势

散打实战姿势

动作步骤：两脚前后开步站立，两膝微屈，中心落在两腿之间，上体侧向前方，含胸收腹，前拳立臂前推，与臂同高，后拳置于下颌外侧处，大臂轻贴肋部，头向上顶，下颌微收，目视前方（图1）。

要点：两脚横向保持适当间距，身体放松，微含胸收腹，两肘自然下垂，各关节保持弹性。

正架实战姿势

反架实战姿势

图 1

第二节 步 型

1. 开立步

动作步骤：从实战姿势开始，左脚向前上步，略比肩宽，前脚尖微内扣，两膝微屈，重心在两腿之间（图2）。

要点：重心在两脚掌上，后脚跟微离地面，两脚横向保持适当距离。

图2

2. 弓步

动作步骤：从实战姿势开始，两脚前后开立，前腿屈膝半蹲，后腿伸直，脚尖内扣（图3）。

要点：重心偏向前腿，步幅不宜过大。

3. 马步

动作步骤：从实战姿势开始，两脚左右开立，屈膝半蹲，两脚尖微内扣，重心落于两腿之间（图4）。

要点：步幅适中，以移动灵活为准。

图3

图4

4. 高虚步

动作步骤：从实战姿势开始，前脚微向回收，前脚脚尖虚点地面，重心落于后腿（图5）。

要点：重心偏向后腿，上体保持平衡。

5. 丁步

动作步骤：从实战姿势开始，前脚回收置后脚处，前脚掌微离地面（图6）。

要点：前脚回收要快，前腿虚点地面，重心落于后腿。

图 5

图 6

6. 仆步

动作步骤：从实战姿势开始，后腿屈膝全蹲，前腿伸直平铺地面，脚尖内扣（图7）。

要点：重心基本落在全蹲腿上，上体微向前倾。

7. 独立步

动作步骤：从实战姿势开始，后腿屈膝提起，前腿伸直支撑身体重心（图8）。

要点：支撑腿微屈，五趾抓地站稳。

图 7

图 8

第三节 步 法

1．进步

动作步骤：从实战姿势开始，前脚向前上步，后脚向前跟步（图9～11）。

要点：步幅要适中，动作要连贯。

图9

图10

图11

2．退步

动作步骤：从实战姿势开始，后脚向后退步，前脚向后跟步。

要点：后退迅速，重心稳固（图12～14）。

图12

图13

图14

3．上步

动作步骤：从实战姿势开始，后脚向前上一步，同时左右拳前后交换成反架姿势（图15、图16）。

要点：上步时身体不能前后摆动，上步与两手交换要同时。

图 15　　　　　　　　　　图 16

4. 撤步

动作步骤：从实战姿势开始，前脚向后撤一步，同时左右拳前后交换成反架姿势（图 17、图 18）。

要点：后撤迅速，重心稳固。

图 17　　　　　　　　　　图 18

5. 跨步

动作步骤：以左跨步为例。从实战姿势开始，左脚向左侧跨步，右脚向左侧跟步，上体保持不变（图 19 ~ 21）。

要点：横移时两脚要连贯，上体不能左右晃动。

图 19　　　　　图 20　　　　　图 21

6. 闪步

动作步骤：以左闪步为例。从实战姿势开始，左脚向左跨步，右脚以左脚为轴迅速向左侧滑出，同时身体向右转动约 30°（图 22～24）。

要点：步法灵活，协调一致，移动时重心稳固，以髋带腿。

  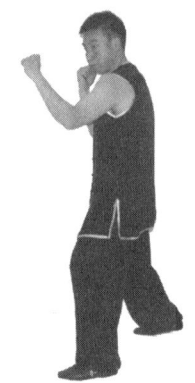

图 22　　　　　图 23　　　　　图 24

7. 垫步

动作步骤：从实战姿势开始，后脚蹬地向前脚内侧靠拢，同时前腿屈膝提起（图 25～27）。

要点：后脚向前脚靠拢要迅速，上步与提膝要连贯。

  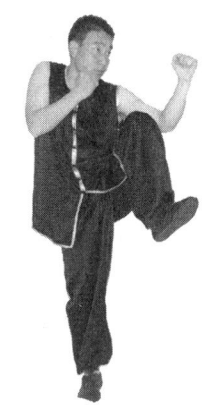

图 25　　　　　　　图 26　　　　　　　图 27

8. 纵步

动作步骤：以前纵步为例。从实战姿势开始，两脚同时蹬地向前纵跳，在动作完成过程中上体保持不变（图 28～30）。

要点：纵跳时用踝关节、膝关节发力，两脚微离地面，避免身体起伏。

图 28　　　　　　　图 29　　　　　　　图 30

9. 滑步

动作步骤：以前滑步为例。从实战姿势开始，后脚蹬地，重心前移，前脚微离地面，向前滑出，后脚随之跟进相同距离（图 31～33）。

要点：滑步时上体保持平衡，两脚移动距离相等。

图 31　　　　　　　图 32　　　　　　　图 33

10. 插步

动作步骤：从实战姿势开始，右脚经左脚后向前插步，脚跟离地（图 34～36）。

要点：插步时上体不动，并保持平衡。

图 34　　　　　　　图 35　　　　　　　图 36

11. 换步

动作步骤：从实战姿势开始，左右脚同时蹬地跳起前后交换，同时两拳也前后交换成反架姿势（图 37～39）。

要点：转换时要以髋带腿，蹬跳时两脚微离地面，减小身体起伏。

图 37　　　　　　　图 38　　　　　　　图 39

第八章　散打

第四节 拳 法

1. 冲拳

动作步骤：以左冲拳为例。从实战姿势开始，右脚蹬地，重心微向前移。同时依次展髋、拧腰、送肩，左拳迅速向前直线冲出，力达拳面，（图40、图41）。

要点：

①冲拳时，蹬地、拧腰、送肩、冲拳要连贯迅速。

②冲拳时，左膝相对固定，当髋部完成旋转后身体迅速制动。

特点与作用：冲拳是一种直线型进攻动作。它的特点是预兆小、启动快、动作灵活。左冲拳主要是刺探对方为主，右冲拳可直接进攻或迎击对方。

图40　　　　　　　　　　　图41

2. 贯拳

动作步骤：以左贯拳为例。从实战姿势开始，右脚蹬地，展髋拧腰，左拳向左侧前方伸出，上臂和前臂夹角相对固定，当髋部完成旋转角度后迅速制动，利用上体制动惯性向内扣肩。同时左拳向前、向里横贯至身体中线，拳眼斜向下，力达拳面或偏于拳眼处（图42～44）。

要点：

①横贯时，大小臂要相对固定，根据击打距离来调整手臂夹角。

②蹬地、展髋、拧腰、扣肩产生合力后再贯拳。横贯时路线由高到低略成弧线下扣。

特点与作用：贯拳是一种横向型进攻动作，可结合身体姿势的高低变化击打对方。在对方正面防守比较严密的情况下，贯拳可以从侧面击打对方下颌、肋部等部位。

图 42　　　　　　　　图 43　　　　　　　　图 44

3. 抄拳

动作步骤：以右抄拳为例。从实战姿势开始，上体微下沉，右拳下落至右胸前，右脚蹬地，挺胯拧腰，右拳顺势向前上方击出，拳心向里，力达拳面；左拳回收置于下颌处（图 45～47）。

要点：

①抄拳时肩部放松，借助蹬地、挺胯、拧腰、抬肘的合力迅速击出。

②抄拳发力时，先屈膝下沉再蹬地拧腰，当髋部制动后抄拳迅速击出，短促发力。

特点与作用：抄拳属向上进攻型的一个动作。其动作干脆，力量充足，适合近距离作战，可连续攻击对手的胸、腹或下颌等部位。

图 45　　　　　　　　图 46　　　　　　　　图 47

4. 弹拳

动作步骤：以左弹拳为例。从实战姿势开始，右脚蹬地，身体略向前倾，拧腰顺肩，伸肘顶腕，左拳迅速向前弹击，拳眼向上，力达拳背（图 48～50）。

要点：
①弹拳时，肩部肌肉尽量放松；发力时，拳要握紧。
②弹拳干脆，放长击远。

特点与作用：弹拳是直线型进攻的一个动作。其特点是冷、脆、快、远。在实战中，弹拳能出其不意地干扰对方的视线，并顺势连接其他动作重创对方。

图 48　　　　　　　　　图 49　　　　　　　　　图 50

5．劈拳

动作步骤：以右劈拳为例。从实战姿势开始，右拳拉至头顶，肘微屈，右脚蹬地，合髋拧腰，上体左转并略向下沉，右臂以肘带拳由上而下正劈或向斜下方劈打，拳眼朝上，力达拳轮，同时左拳回收置于下颏处（图 51～53）。

要点：
①上步与下劈要连贯，向上拉拳幅度不宜过大。
②劈拳时，腹肌收紧，拧腰与下沉要同时。

特点与作用：劈拳是向下型的进攻动作之一。实战中主要用于近距离作战。作战时，劈拳可反攻对手的头部、肩部、背部等。

　　　　　　　图 51　　　　　　　　　图 52　　　　　　　　　图 53

6. 鞭拳

动作步骤：以右鞭拳为例。从实战姿势开始，右脚向左脚后插步，两脚蹬地，以头带腰向右后转体。同时以肩带臂，右拳握紧，反背由右向后横向鞭打，拳眼朝上，力达拳背；左拳回收置于下颏处（图54～56）。

要点：

①蹬地、摆头、拧腰、鞭拳要依次发力，支撑要稳。

②插步突然，蹬地拧腰迅速。

特点与作用：鞭拳是转身横向型进攻的一个动作。其特点是动作幅度大、力量足、可直接进攻。鞭腿也可用于配合其他动作防守或击打对方面部。

图54　　　　　　　　图55　　　　　　　　图56

第五节 腿 法

1. 正蹬腿

动作步骤：以右蹬腿为例。从实战姿势开始，身体重心前移至左腿，右腿屈膝提至胸前，脚尖勾起；左脚向前带步，两臂下落回收至胸前。同时挺膝送髋，向正前方向蹬出，力达脚掌（图57～59）。

要点：

①提膝时要尽量贴近胸部，蹬腿时要挺膝送髋，放长击远。

②蹬腿时，支撑腿要向前带步，利用身体冲击力增加蹬腿力量。

特点与作用：蹬腿是直线型进攻腿法之一，动作隐蔽、爆发力强，可直接进攻对方头部、胸腹部等，也可作为防守动作迎击对方。

图57　　　　　　　　图58　　　　　　　　图59

2. 后蹬腿

动作步骤：以右后蹬腿为例。从实战姿势开始，左脚向前上步，脚尖内扣。身体右后转体，左腿微屈；右腿屈膝提起，脚尖勾紧。左脚脚跟领先向前带步，同时右腿挺膝送髋；右脚用力后蹬，力达脚掌，目视蹬腿方向（图60～62）。

要点：

①向后转身时以头领先，蹬腿时先带步再挺膝送髋。

②蹬腿时上体尽量上挺，腰肌收紧，保持平衡。

特点与作用：后蹬腿是转身型进攻腿法之一，是通过突然转体或背对对手时使用，容易使对手产生错觉，而且动作隐蔽，出其不意，击中率高，可以直接进攻，也可用于迎击对方。

图 60　　　　　　　图 61　　　　　　　图 62

3．踹腿

动作步骤：以左踹腿为例。从实战姿势开始，右腿直立或稍屈支撑；左腿屈膝提起向内翻胯回收，小腿收紧略高于胯，脚尖勾起，脚掌正对攻击目标。支撑腿脚跟领先向前带步，挺膝送髋向前踹出，力达脚掌，同时左手随踹腿方向推出（图63～65）。

要点：

①踹腿时，要先带步，再顺势挺膝送髋，动作要连贯迅速。

②踹腿时，要立腰挺胸，并与腿部基本保持在同一侧立面上。

特点与作用：踹腿是直线型进攻动作之一。其特点是攻击路线长、力量足。踹腿可用于直接进攻对方头、胸部，也可用于防守或迎击对方。

图 63　　　　　　　图 64　　　　　　　图 65

4．弹腿

动作步骤：以右弹腿为例。从实战姿势开始，左腿直立或稍屈支撑，上体略向左转。同时右腿屈膝提起，挺膝、绷脚向前上弹踢，力达脚背（图66～68）。

要点：

①脚背绷直，小腿收紧，以膝带腿，快速有力。

②弹腿时要挺膝送胯，放长击远。

特点与作用：弹腿是向上进攻的一个动作。动作快速、隐蔽，在对方下潜防守时可进攻对方头部、腹部等。弹腿也可先提左膝，借助左膝下压力量迅速向上弹踢，进攻对方下颏。

图 66　　　　　　　图 67　　　　　　　图 68

5. 鞭腿

动作步骤：以右鞭腿为例。从实战姿势开始，重心前移，以左脚脚掌为轴，拧腰转体。同时右腿屈膝提起，扣膝翻胯，带动大、小腿向左前方横击；在快击打到身体中轴线时，小腿加速抽出，与大腿基本保持在一条直线上，力达脚背至小腿下端（图69～71）。

要点：

①出腿时，要拧腰扣膝；在接近击打目标时，小腿与大腿基本成一条直线。

②拧腰时立腰顶腹，并配合手臂摆动来提高动作协调性。

特点与作用：鞭腿是横向型进攻腿法之一。其特点是启动快、力量足、隐蔽性强、击打面广。鞭腿可直接进攻对方腿、躯干、头部等，也可用于防守或迎击对方。

图 69　　　　　　　图 70　　　　　　　图 71

6. 劈腿

动作步骤：以右劈腿为例。从实战姿势开始，重心略向后移，右腿向左斜侧屈膝提起，小腿顺势打开至左肩上方；左脚向前带步。同时重心前移，右腿挺膝送胯，脚尖勾紧，经头顶向前、向下用力劈出，力达脚跟（图72～74）。

要点：

①起腿时上体直立，劈腿时上体顺势前压。

②劈腿上起下劈要连贯迅速，胯部要充分展送出来。

特点与作用：劈腿是向下型进攻腿法之一。其特点是启动快、发力足、有较强的杀伤力。劈腿主要用于进攻对方面部或肩部，或对方进攻拳法时突然反击对方。

图72　　　　　　　　图73　　　　　　　　图74

7. 转身后摆腿

动作步骤：以右转身后摆腿为例。从实战姿势开始，左脚向前上步，脚尖内扣，以左脚脚掌为轴向右后转体，脚跟转向前方；同时右腿伸直，向上拉起并由右向后方横摆，快至身体中线位置时，小腿加速横扣，脚面绷直，力达脚掌，目视右脚，摆踢腿至中线后自然弧线下落（图75～77）。

要点：

①转体时，以头领先，拧腰展髋，加速前摆，右臂随摆腿方向摆动。

②摆腿时，立腰挺胸，脚面绷直，后摆最高点应在身体中心线位置。

特点与作用：后摆腿是转身型的进攻动作之一。虽动作路线长，但在直线动作难以进攻时，突然改变路线，可使对手防不胜防。运用时，往往以假动作作掩护，动作要果断、敏捷、快速。

图 75　　　　　　　　图 76　　　　　　　　图 77

8. 勾踢腿

动作步骤：以右勾踢腿为例。从实战姿势开始，左步向前上步，脚掌外展，左腿微屈，重心前移；右脚向后撩起，接着拧腰合髋，右脚掌勾紧并内扣，由右向左前方弧线擦地勾起，力达足弓内侧。在勾踢同时，右臂自然向后摆动（图78、图79）。

要点：

①勾踢快速，以腰带腿，力点准确，保持平衡。

②勾踢时，脚掌勾紧，脚掌内侧向左前方横向擦地并顺势提膝。

特点与作用：勾踢是横向型进攻动作之一。当对方身体重心在前腿时，迅速勾踢其踝关节，破坏其支撑的稳定性。也可接抱住对方腿时，运用勾踢将对方勾倒。

图 78　　　　　　　　　　图 79

9. 前扫腿

动作步骤：以左前扫腿为例。从实战姿势开始，右脚向前上步，脚掌外展，以右脚脚掌为轴，上体拧腰右转，同时右腿屈膝全蹲或主动侧倒，收腹合胯；左腿伸直由脚尖勾紧左向右前方弧线擦地扫腿，力达脚弓内侧。在扫转的过程中，两手扶于身体右侧，或左臂抬起防于面前，完成后迅速推地站起（图80～82）。

要点：

①下蹲与扫腿要快速连贯。扫腿时，脚掌内扣并勾紧，脚掌撑地。

②扫腿时，收腹，拧腰以增加扫腿力量。

特点与作用：前扫腿是横向扫转型进攻动作之一，可突然直接下潜进攻对方。或对方出拳或起高腿进攻时，将其扫倒。

图80　　　　　　　　图81　　　　　　　　图82

10．后扫腿

动作步骤：以右后扫腿为例。从实战姿势开始，左脚上步，脚尖内扣，以左脚脚掌为轴，上体拧腰右转，同时左腿屈膝全蹲或主动侧倒；右腿伸直脚尖勾紧由右向后方弧形擦地扫腿，力达脚跟至小腿下方。扫转过程中，两手扶于身体左侧，或右臂抬起防于面前，完成后迅速推地起立（图83～85）。

要点：

①下蹲、转体、扫腿要快速连贯，以腰带腿，增加力度。

②扫腿时，脚尖内扣勾紧，前脚掌擦地后扫。

特点与作用：后扫腿是转身扫转型进攻动作之一，可出其不意进攻对方，也可在对方出拳或起高腿进攻时，将其扫倒。

图83　　　　　　　　图84　　　　　　　　图85

第六节 肘 法

1．顶肘

动作步骤：以左顶肘为例。从实战姿势开始，身体略向右转，左臂屈肘向右后侧拉，右脚蹬地，重心略向前移，左肘夹紧，以腰带肘向前顶，击力达肘尖，拳心向下（图86、图87）。

要点：

①蹬地、拧腰、顶肘要连贯。顶肘时，也可后手配合前推，增加打击力度。

②顶肘时，要结合上步，利用身体冲击力迅速前顶。

特点与作用：顶肘是直线型进攻动作之一，进攻灵活，发力凶狠，适合近距离进攻。结合步法运用，可打击对方头、颈、腹、肋等部位。

图86　　　　　　　　　　　图87

2．盘肘

动作步骤：以右盘肘为例。从实战姿势开始，右臂屈肘夹紧，由右侧抬起，高与肩平；右脚蹬地，拧腰，扣右肩，上体微含，以肩带肘，由右向左前方横向盘击，力达肘尖与小臂外侧，拳心向下（图88、图89）。

要点：

① 盘肘时，重心略向前移，肘尖略向下扣，增加击打力度。

② 蹬地、拧腰、扣肩、盘肘，发力要依次连贯。

特点与作用：盘肘是横向型进攻动作之一。它可结合步法攻击对方面部、颈部，或压低重心盘击腹部、肋部等部位，也可配合左手回拨右手，增加力度，重创对方。

图 88　　　　　　　　　　　图 89

3. 挑肘

动作步骤：以右挑肘为例。从实战姿势开始，右臂屈肘夹紧，重心前移，双脚蹬地挺髋，上体挺起并略向左转，以腰带肘向上或斜上掀挑，力达肘尖与小臂外侧，拳眼向下（图90、图91）。

要点：

①挑肘时，上体立腰上顶，肩部放松，增加挑肘幅度，力达肘尖。

②拧腰、挑肘要迅速，要配合步法，贴近对方。

特点与作用：挑肘是向上进攻型动作之一。其击打距离较短，主要用于近距离打击对方下颏、面部等。

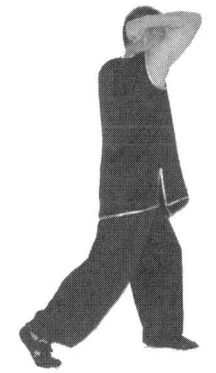

图 90　　　　　　　　　　　图 91

4. 盖肘

动作步骤：以右盖肘为例。从实战姿势开始，右臂屈肘夹紧并侧向抬至头部右侧，重心前移，蹬地拧腰，含胸收腹，右肘由上向下或斜下盖击，力达肘尖与小臂外侧，拳眼向上（图92、图93）。

要点：

①肩要放松环绕，肘要掀高。发力时，含胸收腹，重心略向下沉。

②盖肘时，身体适当前倾，可后手配合回拨右手，增加击打力量。

特点与作用：盖肘是向下型进攻动作之一。盖肘时，左手可直接进攻对方头部、颈部，也可配合其他动作连贯进攻对方。

图 92　　　　　　　　　　　　　图 93

5．砸肘

动作步骤：以右砸肘为例。从实战姿势开始，右臂上举，上体左转，含胸收腹，两腿微屈，右臂屈肘用力下砸，力达肘尖，拳心向内（图94～96）。

要点：

①身体拧转下沉，带动肘尖发力下砸。

②下砸时，小臂夹紧，增加下砸力量。

特点与作用：砸肘是向下型进攻动作之一，主要用于抱缠时进攻对方头、肩、背等部位，或接抱腿时下砸对方大腿。也可先腾空跳起，利用下落惯性增加打击力量，重创对方。

图 94　　　　　　图 95　　　　　　图 96

6. 挂肘

动作步骤：以右挂肘为例。从实战姿势开始，左脚向前上步，脚尖内扣；右脚插步，两脚蹬地，以头带腰向右后转体。同时右臂屈肘，以肩带肘，由右向后横挂，力达肘尖（图97～99）。

要点：

①上步与拧腰挂肘要快速连贯，摆头要迅速，目视前方。

②挂肘时，肘与肩平，转体迅速，保持平衡。

特点与作用：挂肘是转身横向型进攻动作之一。特点是速度快、力量足，让对方防不胜防。挂肘可用于直接进攻，也可用于防守反击对方。

图 97　　　　　　　　图 98　　　　　　　　图 99

第七节 膝 法

1. 顶膝

动作步骤：以右顶膝为例。从实战姿势开始，左脚向前上步，重心微向前移，上体拧腰左转，右腿屈膝扣紧用力向前上顶出，力达膝盖（图100、图101）。

要点：
①顶膝时小腿扣紧，拧腰送髋，增加前顶力量。
②顶膝时可配合上步，增加冲击力量。

用法：顶膝是向上型进攻动作之一。其特点是动作隐蔽、击打凶狠、主要进攻对方胸腹部等。顶膝可以结合步法直接进攻对方腹部，也可用手搂住对方头部向回下拉，然后提膝击打对方面部。

图100　　　　　　　　　　　　图101

2. 扣膝

动作步骤：以右扣膝为例。从实战姿势开始，左脚向前上步；右腿屈膝扣紧并略向外展，然后拧腰合胯或直接向内横击，力达膝盖（图102、图103）。

要点：
①先提膝外展再内扣，拧腰、扣膝要连贯有力。
②扣膝时，上体略向左倾以增加扣击力量。

特点与作用：扣膝是横向型进攻动作之一，主要进攻对方腰部、腹部、胯部等，进攻时双手扣住对方颈部，并向右斜侧回拉，然后扣膝击打对方，也可直接用膝关节内侧进攻对方。

图 102　　　　　　　　　　　图 103

3. 冲膝

动作步骤：以右冲膝为例。从实战姿势开始，左脚向前上步，右腿正向或横向屈膝、提起、收紧，同时左脚向前带步；右膝加速向前撞击，力达膝盖（图104、图105）。

要点：

①前冲时要带步拧腰，撞击时要突然加速。

②带步、拧腰与冲膝要快速有力。

特点与作用：冲膝是直线型进攻动作之一，主要进攻对方胸部、腹部，也可配合其他动作进攻或迎击对方。

图 104　　　　　　　　　　　图 105

4. 飞膝

动作步骤：以右飞膝为例。从实战姿势开始，左脚上步蹬地跳起；右腿提膝翻胯向前横向飞撞，力达膝盖（图106、图107）。

要点：

①飞膝时，可加助跑，增加腾空高度。跳起时，双手控制对方头部以增加

打击力量。

②腾空后，右膝要加速前撞，身体在空中保持平衡。

特点与作用：飞膝是腾空直线型进攻动作之一，可进攻对方胸部、面部等。在距对方较远距离时，可突然上步跳起，进攻对方面部；也可双手扣住对方头部跳起进攻对方。

图 106

图 107

第八节 摔 法

一、贴身抱摔

1. 夹颈打腿摔

动作步骤：双方从实战姿势开始。乙方以右冲拳进攻甲方面部时，甲方用左臂格挡并顺势锁住乙方右臂，右臂经乙方左肩上穿过，屈臂夹紧乙方颈部。同时甲方右脚上步至乙方右脚前，左脚插步至乙方左脚前，两腿微屈，臀部紧贴乙方小腹，接着头部下压，收腹顶臀，两膝猛向后挺，同时转头拧腰，右小腿顺势侧打乙方腿部，用力将乙方从背上向右前摔倒（图108～112）。

要点：夹颈要牢固，上步转身要快，挺膝、顶臀、打腿要依次连贯。

作用：多用于防守冲、贯拳击打头部时反击对方，或双方抱缠时主动进攻对方。

图 108

图 109

图 110

图 111

图 112

2. 抱腿过肩摔

动作步骤：双方从实战姿势开始。乙方冲拳进攻甲方面部，甲方迅速滑步下潜，左臂屈肘抱紧乙方右大腿根部，右臂屈肘抱紧乙方左膝关节处，接着蹬地挺膝，立腰挺胸，身体左转，用力将乙方抱起经左肩向后摔倒（图113～116）。

要点：下潜要快，腰立直，胸部贴紧对方大腿，蹲起快速，全身同时发力。

作用：主要用于防守对方拳法进攻，或双方抱缠时突然下潜抱摔对方。

图113　　　　　　　　　　图114

图115　　　　　　　　　　图116

3. 拉腿前顶摔

动作步骤：双方从实战姿势开始，乙方出拳进攻甲方面部，甲方迅速滑步下潜，两手抱紧乙方双膝关节处，用力向后上回拉，同时双脚蹬地，用左肩前顶乙方腹部或大腿根部将其摔倒（图117～120）。

要点：下潜快，抱紧腿，后拉与顶肩要协调一致。

作用：可用于配合拳法主动进攻或防守反击对方。

图 117　　　　　　　　　　图 118

图 119　　　　　　　　　　图 120

4．抱腿旋压摔

动作步骤：双方从实战姿势开始，乙方出拳进攻甲方面部，甲方迅速滑步下潜，左臂抱紧乙方左大腿根部，右臂抱紧乙方左小腿，并顺势抱起至腹前，接着右脚向后撤步，左脚向前插至乙方右脚跟处，左肩顶住乙方左大腿根部，同时转头拧腰，用力向右下旋压，同时左腿别住乙方右小腿将其摔倒（图121～124）。

要点：抱腿要贴紧身体，旋压别腿要依次连贯。

作用：可用于配合拳法主动进攻或防守反击对方。

图 121　　　　　　　　　　图 122

图 123　　　　　　　　　　图 124

5. 扣颈打腿摔

动作步骤：双方从实战姿势开始，乙方用右冲拳进攻甲方面部，甲方向左跨步，用左掌外格乙方右前臂并顺势锁紧，右手经左肩向后扣住乙方颈部，身体右转，拧腰带肩向后下回拉，同时右脚踢打乙方两小腿下端将乙方摔倒（图125～128）。

要点：跨步、拧腰、扣颈、打腿要协调有力。

作用：用于对方用冲拳、贯拳击打时的防守反攻，也可在抱缠时突然进攻对方。

图 125

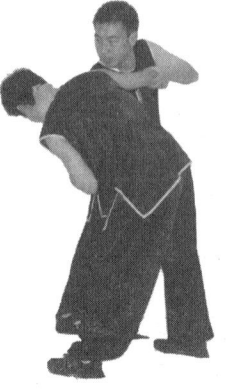

图 126　　　　　图 127　　　　　图 128

6. 压颈掀腿摔

动作步骤：双方从实战姿势开始，乙方下潜抱住甲方左腿，甲方立即屈膝下沉，左手压扣乙方颈部后方，右脚向前上步，右手扣住乙方左膝关节，蹬地拧腰，身体略向左倾。同时左手下压回拨，右手上提向左后回拨，将乙方向侧后摔倒（图129～132）。

要点：身体突然下沉，蹬地、拧腰、压颈、掀腿要快速连贯。

作用：多用于对方下潜或单腿被抱时反击对方。

图 129

图 130

图 131

图 132

二、接腿摔

1. 接腿别腿摔

动作步骤：双方从实战姿势开始，乙方用右鞭腿进攻甲方胸部，甲方向前上右步，闪左步，并顺势将乙方右腿接抱住，前手前滑抱住乙方右大腿根部，后手将乙方小腿固定住。同时用右腿前插，别住乙方支撑腿，右肩顶住乙方右大腿根部。同时转头，拧腰，用力向右下旋压，将其摔倒（图133～135）。

要点：步法活，接腿准，别腿下压要协调一致。

作用：多用于防守对方鞭腿。

图133

图134

图135

2. 接腿涮摔

动作步骤：双方从实战姿势开始，乙方用右踹腿进攻甲方胸部，甲方上体微含，顺势接住乙方右腿，同时左脚向后撤步，右脚向右侧跨步，屈膝沉胯，两手抱紧乙方右脚向下、向右、向上做弧线涮摔（图136～138）。

要点：抓握要准确、牢固，撤步和涮摔的动作幅度要大，动作要连贯有力。

作用：多用于接抱对方蹬腿、踹腿、鞭腿等。

图136

图 137　　　　　　　　　　　　　图 138

3．接腿上托摔

动作步骤：双方从实战姿势开始，乙方用右蹬腿进攻甲方胸部，甲方立即接抱住乙方右脚，并迅速向前上步，双臂向上、向前托举，将对方摔倒（图 139～142）。

要点：抓脚准，上步、托推要快速迅猛。

作用：适用于防守、反击对方的蹬腿、踹腿等动作。

图 139　　　　　　　　　　　　　图 140

图 141　　　　　　　　　　　　　图 142

4. 接腿勾踢摔

动作步骤：双方从实战姿势开始，乙方用右蹬腿进攻甲方胸部，甲方立即顺势双手接抱住乙方右脚，含胸收腹，向右侧弧线侧拉上举，同时右脚向前上步，左脚向前勾踢乙方左踝关节处，将其勾倒（图143～146）。

要点：接抱腿要准确，旋拉、勾踢要协调有力。

作用：多用于防守对方侧踹腿、蹬腿、鞭腿等。

图 143　　　　　　　　　图 144

图 145　　　　　　　　　图 146

5. 接腿搂腿摔

动作步骤：双方从实战姿势开始，乙方用左鞭腿进攻甲方，甲方左脚向前上步，右脚跟步，并顺势接抱住乙方左小腿，接着右腿屈腿向内搂住乙方右小腿下端向回上拉带，同时右手抄抱紧乙方左腿；左臂屈肘，向前猛推乙方颈部，将其摔倒（图147～150）。

要点：接腿要准确，上步要迅速，回拉、前推要折叠发力。

作用：主要用于防守对方正蹬腿、鞭腿等。

图 147

图 148

图 149

图 150

第八章 散打

第九节　攻守法

一、接触防守

1. 拍挡

动作步骤：从实战姿势开始，前臂或双臂向左斜前横向拍挡（图151、图152）。

要点：前臂尽量垂直，拍挡幅度小，用身体合力迅速拍出。

作用：防守对方横向型腿法对上中盘的攻击。

图151　　　　　　　　　　　　图152

2. 拍压

动作步骤：从实战姿势开始，左拳变掌，以掌心或掌根为力点，由上向前下拍压（图153）。

要点：拍压时臂要弯曲，手腕和掌要紧张用力，臂内旋，横向压掌。

作用：防守对方正面的拳法或直线型腿法攻击上中盘，如冲拳、蹬腿、踹腿等。

图153

3. 掩肘

动作步骤：从实战姿势开始，左臂屈肘收紧，前臂外旋，上体微转。同时含胸，收腹，以前臂尺骨下端小指侧为防守力点内滚掩，拳心朝里（图154、图155）。

要点：上体微含，以腰带臂，手臂外旋。

作用：防守对方由下而上的拳法或攻击中盘腿法。

图 154

图 155

4. 里抄

动作步骤：从实战姿势开始，左臂外旋，屈肘向下、向内、向上横向抄抱，拳眼向前，右臂屈肘立臂外格，两臂相对（图156、图157）。

要点：身体随里抄方向转体，双臂同时发力。

作用：防守直线型或横向型进攻腿法，如踹腿、蹬腿、鞭腿等。

图 156

图 157

5. 外抄

动作步骤：从实战姿势开始，左臂微屈并外旋，由下向外、向上横向反抄，

拳心朝里，同时右手屈臂向外推拍（图158、图159）。

要点：外抄手臂肌肉收缩绷紧，推拍准确。

作用：防守横向型进攻腿法，如鞭腿等。

图158　　　　　　　　　　　图159

6. 里挂

动作步骤：从实战姿势开始，手臂内旋，左拳横向向里挂防，拳心朝外（图160、图161）。

要点：拳要握紧，臂尽量内旋，略屈肘，以桡骨侧为力点挂防，幅度要小，同时上体应略转。

作用：主要用于防守对方从正面攻击中盘部位的腿法。

图160　　　　　　　　　　　图161

7. 外挂

动作步骤：从实战姿势开始，左拳由上向下、向后斜挂，拳心朝外，臂微屈（图162、图163）。

要点：重心略往前移，含胸收腹，拳握紧。

作用：结合上步主动挂防对手蹬腿、踹腿攻击。

图 162

图 163

8．架挡

动作步骤：从实战姿势开始，左手臂屈肘，前臂内旋向上架至头顶，拳心斜向上，或两臂内旋交叉架于头顶（图164、图165）。

要点：拳要握紧，前臂屈肘架于头顶正上方。

作用：防守直线型拳法或劈掌、劈腿等。

图 164

图 165

9．阻挡

（1）肩臂阻挡

动作步骤：从实战姿势开始，前臂回收，与后臂紧贴左右两肋，两拳护在头部两侧，含胸，收腹，收下颏（图166、图167）。

要点：在承受打击的瞬间，上体与肩部迅速收紧，承受完打击后随即放松。

作用：用于防守对方连续进攻，根据对方进攻情况也可单臂防守。

图166　　　　　　　　　图167

（2）提膝阻挡

动作步骤：从实战姿势开始，前腿屈膝上提，同时前臂回收，与后臂贴紧两肋，上体微沉（图168、图169）。

要点：判断准确，提膝迅速。

作用：主要用于防守对方低腿。

图168　　　　　　　　　图169

10. 阻截

（1）拳阻截

动作步骤：从实战姿势开始，当判断出对方准备用拳法进攻时，主动迅速用冲拳、贯拳向前击出，直至击中对方身体得分部位（图170、图171）。

要点：判断准确，动作隐蔽，截击果断。

作用：判断对方准备出拳时，可迅速上前迎击对方。

图 170　　　　　　　　　　　图 171

（2）腿阻截

动作步骤：从实战姿势开始，当判断出对方准备用腿法或拳法进攻时，主动迅速用腿法向前击出，阻截对方得分部位（图 172、图 173）。

要点：判断准确，出腿迅速，阻截要抢在对方进攻之前。

作用：当对方准备进攻时，以直线腿法为主，先发制人，迅速击出。

图 172　　　　　　　　　　　图 173

11. 锁拿

动作步骤：从实战姿势开始，左臂外旋，在体前向外、向下、向上横向缠绕一周至胸前，拳心向外（图 174、图 175）。

要点：拳要握紧，缠绕时腰侧肌与大小臂同时发力。

作用：防守对方直线型或横向型拳法，也可在对方使用摔法时锁住对方手臂或颈部，阻止对方进攻。

图 174

图 175

二、闪躲防守

1. 撤闪

动作步骤：从实战姿势开始，前脚蹬地向后撤步，左右拳交换成反架姿势（图176、图177）。

要点：前脚回收迅速，支撑要稳。

作用：防守对方以腿法攻击下盘部位，如低踹、低鞭腿或勾踢腿等。

图 176

图 177

2. 后闪

动作步骤：从实战姿势开始，以腰为轴，前脚蹬地，重心后移，上体略后仰（图178、图179）。

要点：重心向后水平移动，后移时收下颏，后闪幅度不宜过大，重心落于后腿。

作用：防守对方拳法攻击头部，为反击拳、腿做准备。

图 178　　　　　　　　　　　　　图 179

3. 侧闪

动作步骤：从实战姿势开始，两膝微屈，以腰为轴，上体向左（或右）侧微俯身，两手置于下颌两侧（图 180、图 181）。

要点：侧闪时，不能低头或伸颈抬下颌，眼睛始终盯住对方。

作用：侧闪主要用于防守对方直线型拳法攻击头部，侧闪后要接近对手迅速反击。

图 180　　　　　　　　　　　　　图 181

4. 下闪

动作步骤：从实战姿势开始，两膝微屈，重心下降前移，上体略向前移，前臂回收，两拳护于下颌两侧（图 182、图 183）。

要点：下躲闪时，膝关节、髋关节同时弯曲，并始终保持收下颌状态，目视对方。

作用：下潜主要用于防守对方拳法，下潜后多采用抱腿摔对方。练习者既要有抱腿意识，又要有防腿意识。

图 182　　　　　　　　　　　　　图 183

5. 提闪

动作步骤：从实战姿势开始，重心略向后移，前腿屈膝提起，目视对方（图184、图185）。

要点：提膝迅速，脚尖勾紧，前臂适当回收。

作用：提膝主要用来防守对方低腿进攻，防守后可迅速反击对方拳法或腿法。

图 184　　　　　　　　　　　　　图 185

第十节 打靶练习

一、拳法

1. 冲拳

动作步骤：以右冲拳为例。从实战姿势开始。乙方右手拿靶，立于肩前。甲方向前带步近身，蹬地拧腰，右拳拳面领先、快速、直线向前冲击靶心，力达拳面，同时左拳回收置于下颏处。击中后，要迅速沉肘，回收还原（图186、图187）。

要点：冲拳时，肩部放松，切忌翻肘和拳向回拉。快击中目标时，要加速顶腕，拳面略向下栽。左冲拳可进攻对方面部、腹部，以刺探对方为主；右冲拳力量足，以重创对方为主。拿靶人要视其情况灵活移动变换靶位。

图186　　　　　　　　　　　图187

2. 贯拳

动作步骤：以左贯拳为例。从实战姿势开始，乙方左手拿靶，侧立于肩前。甲方向前滑步或闪步近身，后脚蹬地，转髋拧腰，借制动惯性向前、向里扣肩，左拳横贯至靶心，拳眼斜向下，力达拳面或偏于拳眼侧；右拳置于下颏外侧处。击中后，要迅速沉肘还原（图188、图189）。

要点：力从腰发，转髋后迅速制动，拧腰、扣肩、横贯要连贯，以拳带臂弧线向内横扣。快击中目标时，突然加速，拳面略向下扣。左贯拳主要以进攻为主，动作灵活，扣摆力量大。右贯拳击打距离相对较短，可用于反击对方。拿靶方要灵活移动，迅速给靶。

图 188　　　　　　　　　图 189

3. 抄拳

动作步骤：以右抄拳为例。从实战姿势开始，乙方左右两手拿靶，重叠放置胸前，靶心向下。甲方滑步近身，上体微向下沉，右拳回收贴于右肋部，接着后脚蹬地，右胯上挺，身体左转，右拳向前上方击打靶心，拳心朝里，力达拳面；左拳回收置于下颏处。击中后，要迅速沉肘还原（图190、图191）。

要点：

①抄拳时，身体略向下沉，借助右脚蹬地扣膝转腰的力量发力，由下至上出拳。击打时，肩部放松，协调顺达。

②抄拳可进攻对方腹部、下颏等，但进攻距离较短，适合贴身近战。拿靶方要贴近对方，突然给靶。

图 190　　　　　　　　　图 191

4. 弹拳

动作步骤：以左弹拳为例。从实战姿势开始，乙方右手拿靶立于肩前。甲方滑步近身，右脚蹬地，身体略向前倾，转腰顺肩，伸肘顶腕，左拳向前弹击靶心，力达拳背。击中后，要迅速沉肘，回收还原（图192、图193）。

要点：

①弹拳时，手臂肌肉尽量放松，拳要握紧，加快弹击速度，身体略往前倾，放长击远。

②弹拳击打距离长，进攻灵活。拿靶方要尽量拉开距离，突然给靶。

图 192

图 193

5．劈拳

动作步骤：以右劈拳为例。从实战姿势开始，乙方右手拿靶，平放置胸前，靶心向上。甲方滑步近身，右拳拉至头顶，肘微屈，重心略向前倾，以肘带拳，由上而下正劈或向斜下方劈打靶心，拳眼向上，力达拳轮；左拳回收置于下颏处。击中后，要迅速回收小臂（图194、图195）。

要点：

劈拳时，重心略向前移，以上臂带前臂，肘微屈。下劈时，同侧腰肌收缩用力。劈拳击打距离长，但容易暴露，主要以迎击对方为主。拿靶方可迅速上前，突然给靶。

图 194

图 195

6. 鞭拳

动作步骤：以右鞭拳为例。从实战姿势开始，乙方左手拿靶侧立于肩前。甲方上左脚，插右步，同时两脚蹬地拧腰，身体向右后转体，以肩带臂，反背由右向后横向鞭打靶心，拳眼朝上，力达拳背；左拳回收置于下颔处。击中后，要迅速回收还原（图196～198）。

要点：

①转体要快，以头领先，盯准靶位，支撑要稳。

②鞭拳可以主动进攻对方，也可用于防守反击。拿靶方要主动拉开距离，突然给靶。

图 196

图 197

图 198

二、腿法

1. 正蹬腿

动作步骤：以右正蹬腿为例。从实战姿势开始，乙方右手拿靶，立于肩前。甲方上左步并顺势带步；同时右腿屈膝提至胸前，脚尖勾起，挺膝送髋，向正前方蹬击靶心，力达脚掌。击中后，迅速收膝落脚还原（图199、图200）。

要点：

①蹬腿时，屈膝提高，支撑腿向前带步，挺膝送髋要迅速，身体略向后仰。

②蹬腿以中、高腿为主，可主动进攻对方，也可防守迎击对方。拿靶方可灵活移动，变化靶位。

图 199　　　　　　　　　　　图 200

2．后蹬腿

动作步骤：以右后蹬腿为例。从实战姿势开始，乙方双手拿靶，并列立于胸前。甲方上左步，身体突然向右后转体，右腿屈膝抬起，脚尖勾起；左脚脚跟领先向前带步，同时挺膝送髋；右脚用力向后蹬击靶心。击中后，迅速收膝落脚还原（图201、图202）。

要点：

①向后转身时，以头领先，目视靶心。后蹬时，带步要远，立腰挺胸，保持身体平衡。

②后蹬腿启动突然，击打路线长，可主动进攻对方，也可防守迎击对方。拿靶方要拉开距离，突然给靶。

图 201　　　　　　　　　　　图 202

3．踹腿

动作步骤：以左踹腿为例。从实战姿势开始，乙方右手拿靶，立于肩前。甲方左腿屈膝抬起并向内翻胯回收，小腿略高于胯，脚掌正对攻击目标；支撑腿脚跟领先向前带步，同时送髋挺膝；左脚向前踹出至靶心，力达脚跟。击中后，迅速收膝落脚还原（图203、图204）。

要点：

①踹腿时，带步与踹腿要连贯。在接近目标时，踹腿与身体基本在同一侧立面。

②踹腿分为高、中、低踹，可主动进攻对方，也可迎击对方。拿靶方要灵活移动，变换靶位。

图 203　　　　　　　　　　　　图 204

4. 弹腿

动作步骤：以右弹腿为例。从实战姿势开始，乙方右手拿靶于胸前，靶心向下。甲方左脚向前上步，同时右腿屈膝提起并迅速向前弹踢至靶心，也可先提左膝，借助左膝下压力量，提髋腾空向上弹踢右腿，力达脚背至小腿下端。击中后，要迅速收膝落脚还原（图205～207）。

要点：

①脚背绷直，小腿收紧，以膝带腿，快速有力。

②弹腿动作隐蔽，发力干脆，可进攻对方腹部、下颌等，主要用于对方俯身时突然进攻对方。拿靶方要主动向前，突然给靶。

图 205

图 206　　　　　　　　　　　　图 207

5. 鞭腿

动作步骤：以右鞭腿为例。从实战姿势开始，乙方右手拿靶，侧立于肩前。甲方上左步，以左脚脚掌为轴拧腰转体，同时右腿屈膝提起前顶，扣膝翻胯带动大、小腿由右向左前方横击，在快接触靶的瞬间小腿加速，突然发力击中靶心，力达脚背至小腿下端。击中后，要迅速收膝落脚还原（图208、图209）。

要点：

①小腿扣紧，扣膝突然，以腰带腿，依次发力。

②鞭腿分为高、中、低腿，其特点是：启动快，力量足，击打面广，可主动进攻对方也可用于迎击、反击对方。拿靶方要灵活移动，变换靶位。

图208　　　　　　　　　　　　图209

6. 劈腿

动作步骤：以右劈腿为例。从实战姿势开始，乙方双手拿靶，重叠于面前，靶心斜向上。甲方上左步，右腿向左斜侧屈膝提起，小腿顺势打开至左肩上方，左脚向前带步。同时重心前移，右腿挺膝送胯，脚尖勾紧，经头顶向前下劈至靶心，力达脚跟。击中后，迅速收膝落脚还原（图210、图211）。

要点：

①起腿时上体略向后仰，劈腿时上体顺势前压。

②劈腿启动快、发力足、击打距离长，主要用于进攻对方头部、肩部等。拿靶方要快速移动，突然给靶。

图210　　　　　　　　　　　　图211

7. 转身后摆腿

动作步骤：以右转身后摆腿为例。从实战姿势开始，乙方左手拿靶，侧立于肩前。甲方上左步，脚尖内扣，以左脚脚掌为轴向右后转体；同时右腿伸直，向上拉起并由右向后横向扣摆至靶心，力达脚掌。击中后，继续弧线下落还原（图212～214）。

要点：

①转体时，以头领先，目视靶心，并借其惯性，腰背发力，展髋，挺膝，摆腿。快接触攻击目标时，突然扣摆小腿快速击打。

②后摆腿以配合其他动作进攻为主，也可在防守对方同时突然启动。其攻击路线长，攻击面广，要求拿靶方灵活移动，迅速给靶。

图212

图213

图214

8. 勾踢

动作步骤：以右勾踢腿为例。从实战姿势开始，乙方左手拿靶至小腿外侧。甲方上左步，脚外展，身体左转。同时右小腿脚尖勾紧向后撩起，接着合髋拧腰，带动右腿由右向左前方弧线擦地勾踢至靶底部，力达脚弓内侧。击中后，要迅速落脚还原（图215、图216）。

要点：

①勾踢时，脚掌外侧横向擦地，勾踢快速，力点准确，保持平衡。

②勾踢腿主要是进攻对方踝关节的腿法，可单独进攻，也可配合接腿勾踢。拿靶方可直接上步，靶要紧贴小腿与地面。

图 215　　　　　　　　　图 216

9. 前扫腿

动作步骤：以左前扫腿为例。从实战姿势开始，乙方左手拿靶至左小腿内侧。甲方右脚向前上步，脚掌外展，以右脚脚掌为轴，上体拧腰右转。同时右腿屈膝全蹲或主动侧倒，收腹合胯；左腿伸直由左向右前方弧线擦地，横扫至靶底部，力达脚弓内侧，扫转过程中两手扶于身体右侧。击中后，要迅速站立还原（图217、图218）。

要点：

①下蹲与转体要快速连贯。扫腿时，要拧腰收腹，脚掌内扣并勾紧。

②前扫腿进攻距离长，攻击面广，不宜防守，可以直接进攻对方，也可用于防守对方拳法、高腿等。拿靶方要拉开距离，突然给靶。

图 217

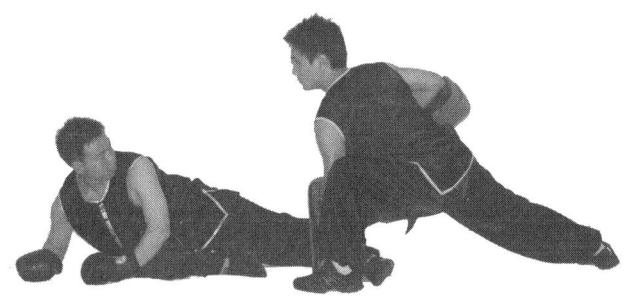

图 218

10. 后扫腿

动作步骤：以左后扫腿为例。从实战姿势开始，乙方左手拿靶至右小腿外侧。甲方右脚上步，脚尖内扣，以右脚脚掌为轴拧腰右后转体；同时左腿屈膝全蹲或主动侧倒，左腿伸直由左向后方弧形擦地，横扫至靶底部，力达脚跟至小腿下方，扫转过程中两手扶于身体左侧。完成后，两手推地，迅速站立还原（图219、图220）。

要点：

①下蹲与转体要快速连贯，迅速摆头，目视靶心，以腰带腿，脚掌擦地，加快动作速度，增强力度。

②后扫腿进攻距离长，攻击面广，主要用于防守对方拳法、高腿等。拿靶方要突然上步，靶要紧贴小腿与地面。

图219

图220

三、肘法

1. 顶肘

动作步骤：以左顶肘为例。从实战姿势开始，乙方右手拿靶，立于肩前。甲方左脚上步，同时身体略向右转，左臂屈肘向回侧拉，右脚跟步上蹬，以腰带肘向前顶击靶心，力达肘尖，拳心向下。击中后，要迅速沉肘还原（图221、图222）。

要点：

①蹬地、拧腰、顶肘要连贯。顶肘时，小臂夹紧，上步迅速，发力短促。

②顶肘主要以近距离进攻对方面部、胸部为主，也可防守反击对方。拿靶方要灵活移动，迅速变换靶位。

图 221　　　　　　　　　　　　图 222

2. 盘肘

动作步骤：以右盘肘为例。从实战姿势开始，乙方右手拿靶，侧立于肩前。甲方向前滑步近身，同时右臂屈肘夹紧侧抬与肩平，后脚蹬地合胯，以腰带肘由右向左前方横向盘击靶心，力达肘尖与小臂外侧，拳心向下。击中后，迅速沉肘还原（图223、图224）。

要点：

①盘肘时，重心略向前移。击打时，蹬地、合髋、拧腰、扣肩要连贯，发力要短促有力。

②盘肘可主动进攻对方面部为主，也可防守反击对方。由于进攻距离较短，拿靶方要调整距离，迅速给靶。

图 223　　　　　　　　　　　　图 224

3. 挑肘

动作步骤：以右挑肘为例。从实战姿势开始，乙方双手拿靶交叉至面前，靶心向下。甲方滑步近身，同时右臂屈肘夹紧，以腰带肘向上或斜上掀挑至靶心，力达肘尖与小臂外侧，拳眼向下。击中后，要迅速沉肘还原（图225、图226）。

要点：

①挑肘时，上体立腰上顶，肩部放松以增加挑肘幅度，力达肘尖。

②挑肘主要用于防守反击对方下颏、颈部等，动作隐蔽，启动快速。拿靶方要主动近身，迅速给靶。

图 225　　　　　　　　　　　　　图 226

4．盖肘

动作步骤：以右盖肘为例。从实战姿势开始，乙方右手拿靶至肩上方，靶心斜向上。甲方滑步近身，同时右臂屈肘夹紧并侧向掀抬至头部右侧，蹬地拧腰，上体微含，右肘由上向下或斜下压盖至靶心，力达肘尖与小臂外侧，拳眼向上。击中后，要迅速沉肘还原（图227、图228）。

要点：

①肩要放松环绕，肘要掀高。发力时，含胸收腹，身体适当前倾以增加击打力量。

②盖肘可主动进攻对方面部、颈部等，也可防守反击对方。拿靶方移动要灵活，迅速给靶。

图 227　　　　　　　　　　　　　图 228

5. 砸肘

动作步骤：以右砸肘为例。从实战姿势开始，乙方双手拿靶，重叠放置胸前，靶心向上。甲方滑步近身，同时右臂上举，接着上体下沉并微向左转，小臂屈肘夹紧下砸靶心，也可用左手撑住对方肩部跳起，右肘用力下砸，力达肘尖，拳心向内。击中后，要迅速提拳还原（图229、图230）。

要点：

①下砸时，双膝弯曲角度不要过大。身体拧转下沉时，带动肘尖发力下砸。

②下砸肘可主动进攻对方头部、肩部，也可防守对方摔法时攻击其背部等。拿靶方要主动近身，迅速给靶。

图229　　　　　　　　　　　　图230

6. 挂肘

动作步骤：以右挂肘为例。从实战姿势开始，乙方左手拿靶，立于肩前。甲方向前上左步，插右步，两脚蹬地拧腰向右后转体，同时右臂屈肘，以肩带肘，由右向后横挂至靶心，力达肘尖。击中后，要迅速沉肘还原（图231～233）。

要点：

①转体时，要以头领先，蹬地、拧腰、以肩带肘，要依次发力。

②挂肘可主动进攻对方面部，也可防守反击对方。由于甲方攻击路线相对较长，拿靶方要控制距离，迅速给靶。

图231

图 232　　　　　　　　　　　　图 233

四、膝法

1．顶膝

动作步骤：以右顶膝为例。从实战姿势开始，乙方上体微收，双手拿靶并排置于腹前。甲方左脚向前上步，双手扣住乙方头部；右腿屈膝扣紧，用力向前上顶出至靶心，力达膝盖。击中后，要迅速收脚还原（图234、图235）。

要点：

①顶膝时，要拧腰送髋，突然发力。

②顶膝可直接进攻对方胸部、腹部等，也可在抱缠时双手扣住对方头部，顶击对方面部、腹部等。拿靶方要主动近身，迅速给靶。

图 234　　　　　　　　　　　　图 235

2．扣膝

动作步骤：以右扣膝为例。从实战姿势开始，乙方上体左转微收，双手拿靶并排置于胸前。甲方左脚上步；右腿屈膝扣紧并略向外展，然后拧腰合髋或直接向内横击至靶心，力达膝盖。击中后，要迅速收脚还原（图236、图237）。

要点：

①先提膝外展再内扣，拧腰扣膝要连贯。扣膝时，上体略向前压，以增加扣膝力量。

②扣膝是近距离击打动作，主要是在双方抱缠时突然发力扣击对方腰腹部。拿靶方要主动近身，迅速给靶。

　　　　图 236　　　　　　　　　　　　　　图 237

3. 冲膝

动作步骤：以右冲膝为例，从实战姿势开始，乙方双手拿靶并排置于腹前。甲方左脚向前上步，右正向或横向腿屈膝扣紧，重心前移；左脚向前带步，同时右膝加速向前撞击至靶心，力达膝盖。击中后，要迅速收脚还原（图 238～240）。

要点：

①前冲时，屈膝要扣紧。撞击时，要突然加速。

②冲膝，进攻距离相对较长，主要进攻对方胸腹部，可正向冲撞，也可横向冲撞对方。拿靶方要主动近身，迅速给靶。

　　　　图 238　　　　　　　　　　　　　　图 239

图 240

4. 飞膝

动作步骤：以右飞膝为例。从实战姿势开始，乙方双手拿靶并排置于胸前。甲方左脚上步并用力蹬地跳起；右腿提膝正向或横向飞撞击靶心，力达膝盖。击中后，要迅速落脚还原（图 241、图 242）。

要点：

①飞膝时可加助跑，以增加腾空高度。跳起时，双手可扣住对方头部，增加打击力量。

②飞膝，进攻距离长，可主动进攻对方面部、胸部等。拿靶方要控制距离，迅速给靶。

图 241　　　　　　　　　　　　图 242

第十一节 打沙袋练习

一、拳法

1. 冲拳

动作步骤：以右冲拳为例，从实战姿势开始，两脚向前滑步近身，蹬地合髋，拧腰顺肩，右拳拳面领先快速直线向前冲出至沙袋正面中心位置，力达拳面；左拳回收置于下颏处。击中后要迅速沉肘，回收还原（图243）。

要点：

①冲拳时，肩部放松下沉，切忌翻肘和拳向回拉。快击中目标时，拳要握紧并迅速前冲。

②冲拳快速灵活，可在沙袋自由摆荡过程中，利用步法移动迅速追击或迎击目标。

图 243

2. 贯拳

动作步骤：以右贯拳为例。从实战姿势开始，两脚向前滑步或闪步近身，合髋拧腰，扣肩贯拳，右拳由右向前横贯至沙袋侧面中心位置，拳眼斜向下，力达拳面或偏于拳眼侧。击中后，要迅速沉肘还原（图244）。

要点：

①力从腰发，转髋完成后迅速制动，拧腰、扣肩、横贯要连贯。击打时，要保持身体稳固。

②贯拳快速灵活。可在沙袋自由摆荡过程中，利用步法移动迅速追击或迎击目标。

图 244

3. 抄拳

动作步骤：以右抄拳为例。从实战姿势开始，前脚前跨，同时后脚蹬地向前滑步，上体微向下沉，右拳向前上方击出至沙袋正面中心位置，拳心朝里，力达拳面；左拳回收置于下颏处。击中后，要迅速沉肘还原（图245）。

要点：

①蹬地、合胯、拧腰要短促有力。击打时，要保持重心。

②抄拳进攻距离短，主要以迎击沙袋为主，可在沙袋回荡过程中迅速靠近击打。

图 245

4. 弹拳

动作步骤：以左弹拳为例。从实战姿势开始，两脚向前滑步近身，身体略向前倾，拧腰顺肩，左拳向前弹击至沙袋正面中心位置，力达拳背。击中后，要迅速沉肘，回收还原（图 246）。

要点：

① 弹拳时，手臂肌肉尽量放松，拳要握紧，加快弹击速度。

② 进攻距离长，可在沙袋自由摆荡过程中，利用步法移动迅速追击目标。

图 246

5. 劈拳

动作步骤：以右劈拳为例。从实战姿势开始，两脚向前滑步近身，右拳拉至头顶，肘微屈，以肘带拳，由上而下正劈或向斜下方劈打至沙袋正面上方，拳眼向上，力达拳轮；左拳回收置于下颌处。击中后，要迅速回收小臂还原（图 247）。

要点：

① 劈拳时，拳要握紧，同侧腰肌收缩用力。

② 劈拳以迎击沙袋为主，可在沙袋回荡过程中迅速靠近击打。

图 247

6. 鞭拳

动作步骤：以右鞭拳为例。从实战姿势开始，上左步，插右步，同时两脚蹬地拧腰，身体向右后转体，以肩带臂，反背向由右向后横向鞭打至沙袋侧面中心位置，拳眼朝上，力达拳背；左拳回收置于下颏处。击中后，要迅速回收还原（图248）。

要点：
①转体要快，以头领先，盯准靶位，移动迅速。
②鞭拳以迎击沙袋为主，可在沙袋回荡过程中迅速转身击打。

图 248

二、腿法

1. 正蹬腿

动作步骤：以右蹬腿为例。从实战姿势开始，左脚向前上步并顺势带步；同时右腿屈膝提至胸前，脚尖勾起，挺膝送髋，向正前方向蹬出至沙袋正面中心位置，力达脚掌。击中后，要迅速扣膝，收脚还原（图249）。

要点：
①蹬腿带步要远，挺膝要配合腰部突然发力。
②蹬腿进攻距离较长，以中、高腿为主，在沙袋自由摆荡中移动步法进攻。

图 249

2. 后蹬腿

动作步骤：以右后蹬腿为例。从实战姿势开始，左脚向前上步并顺势向右后转体。右腿屈膝抬起，脚尖勾起；左脚向前带步。同时右脚脚跟领先，挺膝送髋用力向后蹬出至靶心，力达脚跟。击中后，要迅速收膝，落脚还原（图250）。

要点：

①转身要快，带步与后蹬要连贯。

②后蹬腿进攻距离较长，以迎击沙袋为主，可在沙袋自由摆荡中调整步法，突然进攻。

图 250

3. 踹腿

动作步骤：以左踹腿为例。从实战姿势开始，右脚向前垫步；左腿屈膝抬起并向内翻胯回收，小腿收紧，脚尖勾起，脚掌对攻击目标。支撑腿脚跟领先向前带步，拧腰送髋；左腿挺膝向前踹出至沙袋正面中心位置，力达脚跟。击中后，要迅速收膝，落脚还原（图251）。

要点：

①踹腿时，带步与踹腿要连贯，身体冲击力要明显。

②踹腿进攻距离长，分为高、中、低踹，可在沙袋自由摆荡中移动步法进攻。

图 251

4. 弹腿

动作步骤：以右弹腿为例。从实战姿势开始，左脚向前上步；右腿屈膝提起并迅速向前弹踢至沙袋底部，力达脚背。击中后，要迅速收腿，落脚还原（图252）。

要点：

①上步时，拧腰挺腹，脚背绷直，以膝带腿，快速有力。

②弹腿启动快速，可在沙袋自由摆荡过程中移动步法突然进攻。

图252

5. 鞭腿

动作步骤：以右鞭腿为例。从实战姿势开始，左脚向前上步，以前脚掌为轴，转体拧腰；右腿屈膝送髋前顶，当膝关节顶出后顺势向内横扣，小腿顺势打开由右向左前方横向摆踢至沙袋侧面中心位置，脚面绷直，力达脚背至小腿下端。击中后，要迅速收腿，落脚还原（图253）。

要点：

①出腿时，要拧腰扣膝，腹部收紧，增加击打力度。在接近击打目标时，小腿与大腿基本成一条直线。

②鞭腿攻击路线长，分为高、中、低腿，可在沙袋自由摆荡中移动步法，突然进攻。

图253

6. 劈腿

动作步骤：以右劈腿为例。从实战姿势开始，左脚向前上步并顺势带步；右腿左斜侧屈膝提起，小腿顺势打开至左肩上方，重心前移，右腿挺膝送胯，脚尖勾紧，经头顶向前、向下劈出至沙袋正面中心靠上位置，力达脚跟。击中后，要迅速收膝，落脚还原（图254）。

要点：

①起腿时，从沙袋侧面拉起，劈腿时上体顺势前压。

②劈腿主要以迎击为主，在沙袋回荡过程中移动步法，突然进攻。

图 254

7. 转身后摆腿

动作步骤：以左后摆腿为例。从实战姿势开始，右脚向前上步，脚尖内扣，以右脚脚掌为轴向右后转体；同时左腿伸直，由下向上拉起并由左向后横向扣摆小腿至沙袋侧面中心位置，力达脚掌。击中后，要顺势下落还原（图255）。

要点：

①转体时，以头领先，腰背发力，快速接触。攻击目标时，突然加速扣摆小腿。

②后摆腿主要以高腿为主，可在沙袋来回摆荡过程中移动步法，突然进攻。

图 255

三、肘法

1. 顶肘

动作步骤：以左顶肘为例。从实战姿势开始，左脚向前上步，右脚跟步，同时身体右转，左臂屈肘向回侧拉，右脚蹬地，以腰带肘向前顶击至沙袋正面中心位置，力达肘尖。击中后，要迅速沉肘还原（图256）。

要点：

①蹬地、拧腰、顶肘要连贯。顶肘时，小臂夹紧，上步迅速，发力短促。

②顶肘主要以近距离进攻为主，可在沙袋回荡过程中移动步法，突然进攻。

图 256

2. 盘肘

动作步骤：以右盘肘为例。从实战姿势开始，两脚向前滑步近身，同时右臂屈肘夹紧侧抬与肩平，后脚蹬地合髋，以腰带肘，由右向左前方横向盘击至沙袋侧面靠前位置，力达肘尖与小臂外侧，拳心向下。击中后，要迅速沉肘还原（图257）。

要点：

①盘肘时，重心略向前移。击打时，蹬地、合髋、拧腰、扣肩要连贯，发力要短促有力。

②盘肘启动快速灵活，可在沙袋自由摆荡过程中移动步法，突然进攻。

图 257

3. 挑肘

动作步骤：以右挑肘为例。从实战姿势开始，左脚向前上步，右脚跟步。同时右臂屈肘夹紧，以腰带臂向上掀挑至沙袋正面中心位置，力达肘尖，拳眼向下。击中后，要迅速沉肘还原（图258）。

要点：

①挑肘时，上体立腰上顶，肩部放松增加挑肘幅度。

②挑肘主要以近距离进攻为主，可在沙袋回荡过程中移动步法，突然进攻。

图 258

4. 盖肘

动作步骤：以右盖肘为例。从实战姿势开始，左脚向前上步，右脚跟步，同时右臂屈肘夹紧并侧向掀抬至头部右侧，接着含胸收腹并向左拧腰，右肘由上向斜下压盖至沙袋侧面靠前位置，力达肘尖与小臂外侧，拳眼向上。击中后，要迅速沉肘还原（图259）。

要点：

①肩要放松环绕，肘要掀高。发力时，含胸收腹，身体适当前倾以增加击打力量。

②盖肘主要以近距离进攻为主，可在沙袋回荡过程中移动步法，突然进攻。

图 259

5. 砸肘

动作步骤：以右砸肘为例。从实战姿势开始，左脚向前上步，右脚跟步，同时右臂伸直上举，身体下沉并微向左转，小臂屈肘，夹紧下砸至沙袋正面中心位置，也可用左手抓住沙袋腾空跳起，用力下砸沙袋顶部，力达肘尖，拳心向内。击中后，要迅速提拳还原（图260、图261）。

要点：

①下砸时，身体微收，利用身体下沉惯性突然发力下砸。

②砸肘主要以近距离进攻为主，可在沙袋回荡过程中移动步法，突然进攻。

图260　　　　　　　　　图261

6. 挂肘

动作步骤：以右挂肘为例，从实战姿势开始，上左步，插右步，同时身体向右后转体，以肩带肘，右肘由右向后横挂至沙袋正面中心位置，力达肘尖或大臂外侧。击中后，要迅速沉肘还原（图262）。

要点：

①摆头要迅速，蹬地、拧腰、以肩带肘依次发力。

②挂肘进攻距离较长，可在沙袋自由摆荡过程中移动步法，突然进攻。

图262

四、膝法

1. 顶膝

动作步骤：以右顶膝为例。从实战姿势开始，左脚向前上步，右腿屈膝扣紧，用力向前上顶至沙袋正面中心位置，力达膝盖。击中后，要迅速收脚还原（图263）。

要点：

①顶膝时要拧腰展髋，膝关节扣紧，突然发力。

②顶膝进攻距离较短，可在沙袋回荡过程中移动步法突然进攻，也可双手扣住沙袋回拉，同时右膝用力向前上顶出。

图263

2. 扣膝

动作步骤：以右扣膝为例。从实战姿势开始，左脚向前上步，双手扣住沙袋上部向回侧拉；右腿屈膝扣紧并略向外展，然后拧腰合胯，右膝向内横击至沙袋侧面中心位置，力达膝盖。击中后，要迅速收脚还原（图264）。

要点：

①扣膝时，上体略向前压，先提膝外展再内扣，增加扣膝力量。

②扣膝进攻距离较短，可在沙袋自由摆荡过程中移动步法，突然进攻。

图264

3. 冲膝

动作步骤：以右冲膝为例。从实战姿势开始，左脚向前上步并带步；同时右腿正向或横向屈膝扣紧，向前撞击至沙袋正面中心位置，力达膝盖。击中后，要迅速收脚还原（图265）。

要点：

①前冲时，要屈膝扣紧。撞击时，要利用身体惯性，突然加速。

②冲膝进攻距离相对较长，可在沙袋自由摆荡过程中移动步法，突然进攻。

图265

4. 飞膝

动作步骤：以右飞膝为例。从实战姿势开始，左脚向前上步并蹬地跳起；右腿屈膝向前横向飞撞至沙袋正面中心靠上位置，力达膝盖。击中后，要迅速落地还原（图266）。

要点：

①飞膝时，可加助跑，增加冲击力。跳起时，保持身体平衡。

②飞膝进攻距离长，可在沙袋自由摆荡过程中移动步法，突然进攻，也可跳起后双手控制沙袋以增加力量。

图266

第九章 摔 跤

跤服各部位名称

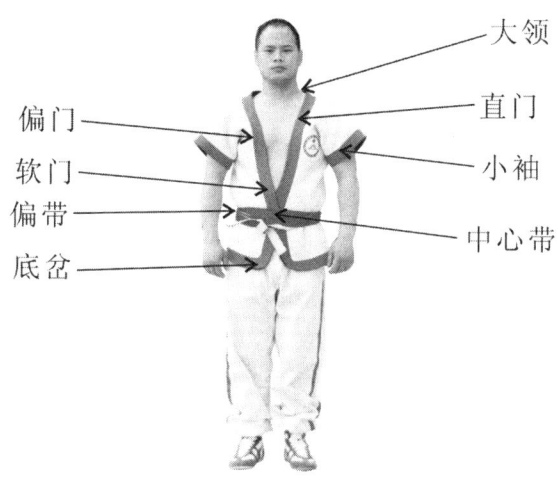

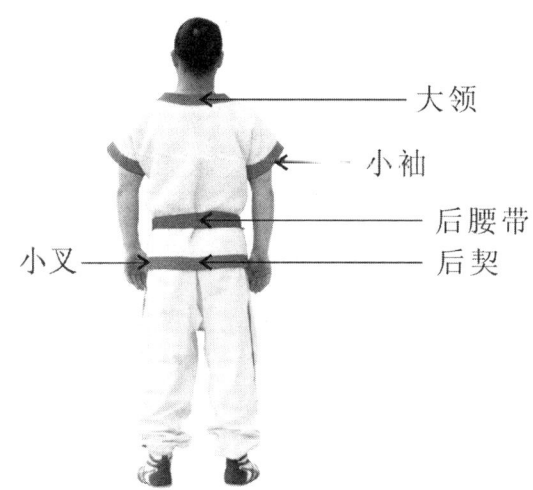

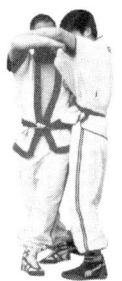

第一节 基本功

1. 盘腿

站立，两腿分开，膝关节微屈，重心点在两腿中间，两手抱拳于腰间，拳心向上。腿盘起时，小腿往腰上盘，脚心向上，左右一样。不可跳起，以稳定下盘为重点（图1～3）。

 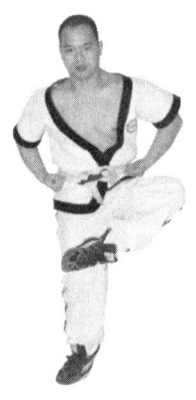 

图 1　　　　　　　　　图 2　　　　　　　　　图 3

2. 基本抽腿

两腿分开，两手抱拳于腰间，拳心向上。重心点在两腿中间。先上左步，右腿向后背步，提膝转胯，胸前部位不可转动，以练习下盘灵活性。左右互换腿，保持在左右180°的直线上（图4～6）。

  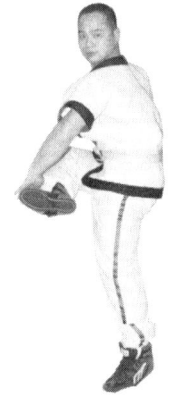

图 4　　　　　　　　　图 5　　　　　　　　　图 6

3. 勾踢

站立，上步左前方，踢右腿，脚尖勾，不能高于膝关节，勾对方的踝关节部位。左手向右放，捅把，右手向回收到右边腰上。左右相同做法。身体成站立姿势，左架，左腿在右腿前方，前后、左右距离与自己的肩同宽，沉肘含胸，后退不可超过前脚的位置。两手四指并拢，左手比右手高一些，左手以攻对手的把位，右手以封把为主（图7、图8）。

图7　　　　　　　　　　　　图8

4．揣

站架姿势，上左步，背右腿转胯，左手高于右手，两腿稍弯，打滑步，头部往裆里扎，两手向后甩，两腿直立。徒手练习可以左右互换，两边同时练习（图9～11）。

图9　　　　　　　　图10　　　　　　　　图11

5．大别

站架开始，左腿向右前方上一步，右腿背步，左脚迅速向左方直出腿，上方把位向下两手旋攥，前腿弓，后退蹬（图12～14）。

图 12　　　　　　　图 13　　　　　　　图 14

6. 崴

站立，两手抱拳在腰间，拳心向上。上左步出左直拳，背右步出右拳，左手向右边做鞭甩，头部从左膝下向右甩头摆脸，右手收回腰间。左右同时做，这叫四步崴（图 15～17）。

图 15　　　　　　　图 16　　　　　　　图 17

7. 崩子

站架，上左步，双手向前摇臂一周，背右腿，摇臂一周落下，蹲下，面朝前方。右手捧起，向下甩手，同时起身向两腿中间扎头，两手向后做鞭甩（图 18～20）。

图 18

图 19

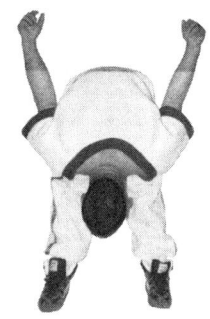

图 20

8. 脑切

站架，上左腿，切右腿，右腿由内向后发力，手随右腿同时向外做鞭手，左手向后边拉，有拉弓射箭式，有弓满力足之说（图21、图22）。

图 21

图 22

9. 吸腰

站架姿势，上左步，两手向上捧起，站立突变，双手打扣，身体下沉，成跪腿式，双手回收，低头沉肩（图23、图24）。

图 23　　　　　　　　　　　图 24

10. 上步手别

上步手别，以行进式练习。跤架开始，上左腿，右腿要跟上，拉左手上提，右手向下扎腿式，行进练习左右边，做法一样（图 25～27）。

图 25　　　　　　　图 26　　　　　　　图 27

第二节 摔跤动作二十种

1. 勾踢

站架姿势，右手抓住对方后腰带，左手抓住对方小袖，小臂沉肘顶在对方胸前。上左步于对方右脚外侧的同时，带动对方身体，使之重心不定，瞬间用右脚踢住对方左腿关节，右手往下拉，左手往上提，向右摆头发力，可一击必胜（图28～31）。（注：在勾紧对方腿部的同时，使劲发力将对方踢倒在地。做此动作时，重心不得向后倾，身体不得向后仰，以免让对方抓住漏洞，反摔自己，右边同左边相反）

图28　　　　　　　　　图29

图30　　　　　　　　　图31

2. 躺刀

站架姿势，右手抓住对方左小袖，左手抓住对方右手腕向下翻绵手。此时，带动对方身体，使双方距离拉近。上左步于对方左腿内侧，左脚跟步对方小腿，并同时填肩于对方腋下，手贴在对方左腿外侧。沉左手肘往怀里收，使对方身体完全贴紧自己身体左侧，使其不得逃跑。左脚发力向后蹬，挺腰靠在对方身体上，左胸前起半桥。右边同左边相反（图32～35）。

图 32

图 33

图 34

图 35

3. 揣

站架姿势，右手抓住对方左小袖，左手抓住对方右手腕向下翻做绵手，以防对方推腰，动作不得进入。然后，进步填肩，上左步，背右步于对方双腿内侧，填左肩大臂于对方左腋下，填紧对方向上提。此时，双腿由弯到直，填腰发力，向下摔去360°。头往裆里扎，双腿绷直。摔倒对方使自己保持重心站立，右边同左边相反（图36～39）。

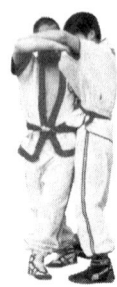

图 36

图 37

图38　　　　　　　　　图39

4．大别

站架姿势，右手抓住对方左小袖，左手绵手对方右手，向上提。左臂填在对方腋下，左手抓住对方直门，肘向上提。顶紧对方的同时，带动对方的身体，使对方距离拉近。然后，背右步于对方右脚内侧，左腿进在对方左脚外侧，脚尖点起，别住对方左腿，使对方胸部紧贴自己背部。双手向下发力带把、起胯，动作由低处向高处摔去。头往后摆，以免自己重心下倾。动作完成后，保持弓步姿势，左脚尖点起，胯向下翻，绷紧（图40～43）。

图40　　　　　　　　　图41

图42　　　　　　　　　图43

5. 大得合

站架姿势，右手抓住左小袖，左手抓对手中心带，上左步，背右步，沉肘时回旋，捅左手，左脚向外勾扇形，正前方180°做出动作。左右互换（图44～47）。

图44　　　　　　　　　　图45

图46　　　　　　　　　　图47

6. 抠腿

站架姿势，左手抓住对方直门，右手绵手对方左手。上左步，跟右步，左手沉肘，右手抠对方的小腿。前摔180°。练习时可左右互换，头不能低，防止对手做抠裆动作（图48～51）。

图48　　　　　　　　　　图49

图 50　　　　　　　　　图 51

7. 穿裆靠

站架姿势，左手抓住对方右手做绵手，右手抓住对方左小袖。上左步靠近对方右脚脚后跟，背右步，沉肩翻腰180°转体，左手穿左腿要往怀里收，起桥。倒地时，背在对手胸前上方起桥式。进行练习时，左右边互换练习。此动作为下肢动作（图52～55）。

图 52　　　　　　　　　图 53

 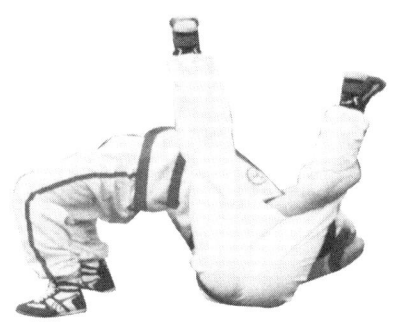 

图 54　　　　　　　　　图 55

8. 胸前靠

站架姿势，解脱对手左边手法，做接臂，左腿靠紧对方右腿，上步提膝，左边上左步，收身提膝，抱臂摆头。此动作为左右边练习，行进练习较好（图 56～59）。

图 56

图 57

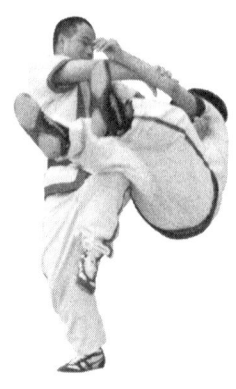

图 58

图 59

9. 手别

站架姿势，右手抓住对方左小袖，绵手填肩，上左腿，背右步，沉肩背脸，背大步，好出动作，前侧摔360°。左右互换练习（图60～63）。

图 60　　　　　　　　　　　图 61

图 62　　　　　　　　　　　图 63

10．穿腿

跤架，右手抓住对方左小袖，上左步，跟右步，左手绵手。左手穿对方两腿中间，右手抓对手左小袖拉，拉弓射箭式起身摆头，重心在两腿中间，向右斜前方360°摔出（图64～67）。

图 64　　　　　　　　　　　图 65

图 66　　　　　　　　　图 67

11. 里刀

跋架，搭肩，上右步，抢手做接臂。接左臂，上左步里刀左腿，手臂花砖式、旋拉右前方 180°做出动作。左右互换，重心前压（图 68～71）。

图 68　　　　　　　　　图 69

图 70　　　　　　　　　图 71

12. 抱双腿

跤架，搭手，左架上左步，潜入抬头。双手抱腿，起身成站立式侧肩往右前方发力180°做出动作。右架同上，先上右步（图72～75）。

图72

图73

图74

图75

13. 夹颈背

跤架，左架上左步，背右步，把位右手抓住对手的左边小袖，左手夹紧对方颈部，右手回拉背步填腰摆头，向前背起360°前摔（图76～79）。

图76

图77

 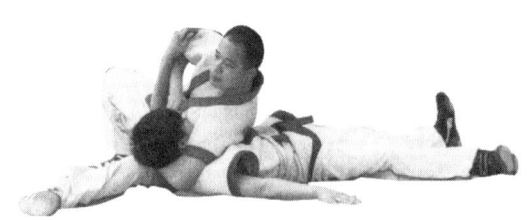

图 78　　　　　　　　　　　　图 79

14. 抱单腿

跤架，搭肩做接臂，上左步，侧抱腿，背右步，沉肩打扣搂抱式，扣要打紧，防止滑扣。上左步，背右步，行进练习，左右一样不可低头，臀不能高于肩（图80～83）。

图 80　　　　　　　　　　　　图 81

图 82　　　　　　　　　　　　图 83

15. 崴

跤架，抢手，右手抓对手左小袖，左手抓对方右手翻腕，瞬间抓后腰带，上左步跟右步，缠腰向右摆头沉右手，成右弓步；左脚蹬地，脚跟离地，脚掌着地。左右做法相同（图84～87）。

图 84

图 85

图 86

图 87

16. 崩子

跤架，右手抓对手左小袖，左手抓对手右手，瞬间搂抱对手右腰，上左步，背右腿填胯，两腿微弯，双脚同时蹬地，右手向右边旋拉，将对手360°前摔（图88～91）。

图 88

图 89

图 90　　　　　　　　　　图 91

17. 脑切

跤架，右手抓对手小袖，左手抓对手大领。沉左手往怀里带步，上右步，左腿往右斜前回切、对手左腿外侧，重心向前压（图 92～95）。

图 92　　　　　　　　　　图 93

图 94　　　　　　　　　　图 95

18. 吸腰

跤架，插捧式，是散手跤常见的动作。搂抱时，突然双手往上捧起，把对手提到脚快离地时迅速沉双手抱腰打扣，扣打紧，一点空隙也不能留，侧肩，头部贴在对手胸前，双腿放在对手两腿中间（图96～99）。

图 96

图 97

图 98

图 99

19. 上步手别

跤架，站左架抢对手左边小袖，援把上右走，左腿填胯，沉肩扎对方右腿。动作要三合一，手、身、步同时发力，重心往前压（图100～103）。

图 100

图 101

图 102　　　　　　　　　　　　图 103

20. 下把背

跤架，站左架，右手抓对方左小袖，左手抓对手右腋下往上提，上左步，背右腿，填胯，两腿微弯，双脚同时蹬地右手向右边旋拉，头往裆里扎，将对手360°前摔（图104～107）。

图 104　　　　　　　　　　　　图 105

图 106　　　　　　　　　　　　图 107